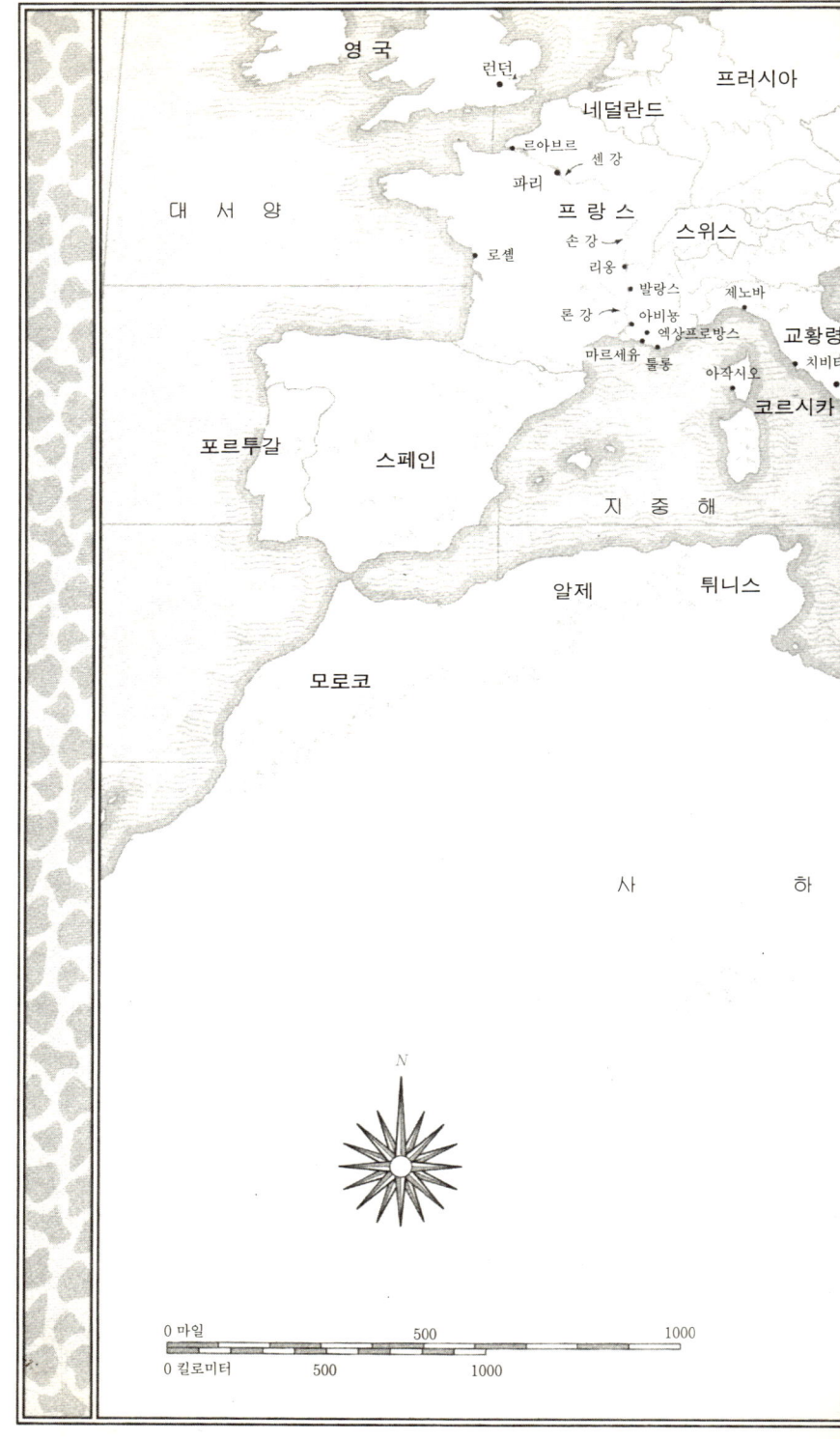

자라파 여행기

ZARAFA

Copyright ⓒ 1998 by Michael Allin All rights reserved
Korean translation copyright ⓒ 2002 by Ahchimyuisul Publishing Co.
Korean translation rights arranged with Carlisle & Company through Eric Yang Agency, Seoul.

이 책의 한국어판 저작권은 에릭양 에이전시를 통한 Carlisle & Company 사와의 독점 계약으로 한국어 판권을 도서출판 아침이슬이 소유합니다. 저작권법에 의하여 한국 내에서 보호를 받는 저작물이므로 무단 전재와 복제를 금합니다.

자라파 여행기

초판인쇄 · 2002년 2월 25일
초판발행 · 2002년 3월 5일

지은이 · 마이클 앨린 / 옮긴이 · 박영준
펴낸이 · 김종석 / 편집 · 신사강, 이혜선 / 관리 · 박정미

펴낸곳 · 도서출판 아침이슬
등록 · 1999년 1월 9일(제10-1699호)
주소 · 서울시 마포구 연남동 509-13, 3층(121-240)
전화 · 02-332-6106 / 팩스 · 02-332-6109
인터넷 홈페이지 · www.21cmorning.co.kr
E-mail · webmaster@21cmorning.co.kr

값 9,000원
ISBN 89-88996-22-4 03900

* 잘못 만들어진 책은 바꾸어 드립니다.

자라파 여행기

이집트가 프랑스에 선물한 기린 자라파를 통해 본 19세기 정치 문화사

마이클 앨린 지음 / 박영준 옮김

아침이슬

옮긴이 글

《자라파 여행기》는 19세기 초엽, 아프리카 오지에서 사로잡혀 장장 6천 킬로미터라는 엄청난 거리를 여행한 끝에 파리 사람들에게 선을 보였던 기린에 관한 이야기이다. 어찌 보면 단순해 보일 수 있는 이야기지만 이 책에는 국왕을 '알현한' 기린의 여정을 중심으로 당시를 폭넓게 조망해 볼 수 있는 면면들이 생생하게 담겨 있다.

이 책은 미시사와 거시사로 대표되는 역사 서술의 두 가지 방법을 고루 맛보게 해준다. 나폴레옹의 이집트 원정, 그리스 독립 전쟁, 프랑스의 왕정 복고와 같은 굵직굵직한 역사적 사건들을 한 축으로 하여 다양한 군상들의 삶이 한 기린의 운명과 교차된다. 나폴레옹의 이집트 원정길에 따라 나섰다가 영국군의 포로 신세가 되어서도 이집트에 남아 이국의 문명과 자연을 연구할 수 있다는 사실에 행복을 느끼던 학자들, '왕실의 선물'인 기린의 호송 때문에 안절부절못하는 관리들, 기린과 함께 기거하며 곰살궂게 기린을 돌보던 아프리카인 사육사, 프랑스의 문화에 낯설어 하면서도 호기심에 눈을 빛내던 이집트 젊은이, 그리고 기린을 신기해하며 뒤를 따랐던 수십만 명의 군중들이 19세기 전반기의 삶과 의식을 우리 눈 앞으로 끌어들이는 역할을 맡고 있다.

한 편의 동화 같은 이야기가 재능 있는 작가의 손을 거쳐 19세기 지중해 인근 국가들의 정치 지형도가 되고, 프랑스 혁명과 나폴레옹 전쟁으로 전파된 계몽주의가 삶의 곳곳에 미친 영향을 들여다볼 수 있는 만화경으로 재구성되는 과정은 경이로울 정도다.

난생 처음 본 기린에 열광했던 프랑스인들의 모습은 지금의 눈으로 보면 실소가 터져 나올 수도 있을 것이다. 이 사람들은 낯선 이방의 동물을 구경하는 것에 만족하지 않고 기린과 관련한 모든 것들을 유행시켰다. 기린처럼 높이 치켜올린 머리 모양 때문에 마차 바닥에 주저앉아 가고, 점박 무늬 옷들이 거리를 수놓았으며, 심지어 유행성 독감에도 기린의 이름이 붙어 "그 기린 좀 어떤가" 하고 안부를 물었을 정도라니 기린의 인기가 정말 대단하긴 했던 모양이다. 아마도 혁명의 영향으로 다른 유럽 국가들에 비해 자유를 만끽하며 이국의 자연과 문물에 대한 호기심을 한껏 발전시킬 수 있었던 프랑스였기에 그런 소동이 벌어지지 않았나 싶기도 하다.

그러나 이 책이 커다란 눈망울을 한 이국의 동물과 한 시대의 낭만적인 풍경만 담고 있는 것은 아니다. 생각해 보면, 생후 두 달도 안 된 기린이 프랑스 제국의 환심을 사기 위한 정치적 목적 때문에, 도살된 어미와 함께 낙타 등에 실려 이송되다가 범선 갑판에 뚫린 구멍으로 고개를 비죽이 내민 채 지중해를 건너 파리까지 걸어 온 여정은 곧 도래할 제국주의 시대에 아프리카가 겪게 될 슬픈 운명을 예감하게 하기도 한다. 또한 서구식 근대화를 추진하면서 그 재원은 야만적인 노예 무역으로 충당한 무하마드 알리나, 유물 밀매로 큰 재산을 거머쥐었을 뿐만 아니라 이집트학의 아버지로 당대 지식인들의 존경을 받았던 드로베티 같은 양면적인 인물들을 서양 우월주의와 떨어뜨려 놓고 볼 수도 없을 것이다.

여담이지만, 번역을 할 때마다 그네들의 책에서 꼭 느끼는 바가 있다. 어떤 분야든 간에 엄청난 열정과 노력을 쏟아 연구를 한다는 사실이다. 이 책의 저자 마이클 앨린도 기린의 발자취를 좇는 데 무려 20년 가까운 세월을 바쳐야 했다. 스스로 '자라파'라는 이름을 붙여줄 정도로 기린의 매력에 푹 빠진 저자는 자라파의 이야기를 되살리기 위해 온갖 수고를 마다하지 않았다. 파리에 정착하기도 하고, 기린의 흔적을 찾아 아프리카를 두 번 방문하고, 프랑스 곳곳의 기록 보관소를 샅샅이 뒤지고, 이집트학을 연구하기까지 했다. 저자의 노고를 생각하면 혹시라도 미숙한 번역으로 이 책에 누를 끼치지는 않을까 하는 염려가 앞선다.

번역은 참 까다로운 작업이라는 생각을 한다. 이 책을 번역하는 데 박학다식한 친구 이은덕의 도움을 많이 받았다. 특히 적절한 어휘를 선택하는 데 큰 도움이 되었다. 그리고 문장을 다듬어 주고 용어를 찾아주신 아침이슬 편집부에도 감사의 말씀을 전하고 싶다.

차례 | 자라파 여행기

옮긴이 글	5
프롤로그	11
1장 두 개의 아프리카	23
2장 이집트의 나폴레옹	31
3장 계몽된 야만인	45
4장 이집트 약탈	59
5장 부왕의 선물	71
6장 나일 강 항해	83
7장 작별	95
8장 카멜로파르달리스	105
9장 잠든 마르세유를 가로질러	115

10장 기린 환영 만찬   **127**

11장 생틸레르의 행복한 나날   **139**

12장 호기심   **153**

13장 아름다운 이방인   **165**

14장 샤를 10세   **171**

15장 기린 열풍   **181**

에필로그   **199**

감사의 말   **211**

찾아보기   **216**

그림 및 사진 출처   **223**

프롤로그

우리는 파리 식물원 벽으로 난 구멍을 통해
마지막으로 그 동물들을 들여다보았다.

—제임스 디키 〈비단뱀이여 안녕〉

내가 처음으로 파리 식물원(Jardin des Plantes)이란 말을 접한 것은 이 시구를 통해서였다. 〈비단뱀이여 안녕〉이란 시는 이 식물원 안에 있는 오래된 동물원을 마지막으로 방문한 후 끝내 유럽과는 작별을 고했던 미국인 아버지와 아들에 관한 이야기이다.

나는 내가 이상적인 도시로 꿈꿔 왔던 파리며 그곳에 살던 뱀 이야기가 담긴 그 시에 흠뻑 빠져들었다. 또 파리를 떠난 어린 아들의 행운을 빌어 주었다. 짐 디키는 이 시를 통해 자신만의 독특한 아이러니를 찾았던 것 같고 또 이것과 자신과의 관계를 모색했던 것 같다. 하지만 시란 어차피 시인의 손길을 떠나기 마련 아닌가. 이것이 내가 이 시에 빠져든 또 다른 이유이기도 했다.

"흙덩이로 산을 쌓는 것만큼 어려운 일은 없다"는 말을 디키는 했다. 나는 그의 시를 접한 이후 줄곧 파리 식물원에 대한 기록을 찾았다. 기록을 찾겠다는 강박관념에 사로잡혀 나는 대학에 다닐 때에는 도서관과 서점을 뒤졌고, 그 후에는 색인이 달린 모든 책에서 파리 식물원에 대한 기록을 수집해 나갔다. 오래 전부터 나는 파리에서 가장 오래된 나무는 1635년 식물원이 설립되기 이전부터 그곳에서 터를 잡고 있던 나무라는 사실을 알았고, 식물원 안의 라 로통드는 나폴레옹이 제정한 레지옹 도뇌르 훈장을 본떠 디자인한 동물원에서 가장 유서 깊고 아름다운 건물이며, 세계에서 가장 오래된 시영 동물원인 이 동물원은 프랑스 혁명 당시 성난 군중들로부터 가까스로 살아 남았던 동물들에서 시작되었음을 알고 있었다.

  파리에 정착하는 데는 수년이 걸렸다. 마침내 1977년 파리에서 첫 아침을 맞을 수 있었던 나는 뱀들에게 인사를 하기 위해 아내와 함께 식물원에 들렀다. 봄기운이 완연하고 햇살이 화창한 좋은 날씨였다. 미로처럼 얽혀 있는 정원에는 공들여 가꾼 꽃들이 만발해 있었다. 나무로 둘러싸인 오솔길은 끝 간 데 없이 뻗어 있었고, 마로니에 나무는 막 돋아난 순들로 장관을 이루고 있었다. 하지만 낡은 뱀 사육장은 모양새가 초라했고 을씨년스러웠다. 뱀들은 묵은 것들이었다. 실망스런 순례였다. 사육사가 달려나오면서 "문 닫을 시간입니다. 문을 닫아요" 하고 외치면서 우리 몇몇을 비단뱀이 들여다보이는 커다란 유리 뒤편으로 내몰기까지는 말이다.

  몸통이 어른 허벅지만큼 굵은 비단뱀은 유리 모서리에 기대 꼿꼿이 서 있었다. 높이가 무려 4미터 50센티미터에 달했다. 머리통이 보이지 않았던 탓에, 또 거대한 몸통이 비에 젖은 나무처럼 검게 빛을 내는 통에 처음에는 그 놈이 뱀인지도 알아채지 못했다.

그 때 우리는 뱀의 몸통 어느 부위가 8~10센티미터 폭으로 벌어지더니 그 틈 사이로 알들이 서서히 하나씩 떨어지는 것을 보았다. 어느 알도 생김새가 같은 것은 없었다.

뱀 우리 문 옆에는 카키색 복장을 한 사육사 둘과 노란 원피스 위에 흰 가운을 걸친 금발 여인이 흥분에 휩싸인 채 서 있었다. 얼마나 시간이 흘렀을까. 마지막 알이 떨어졌다. 모두 열일곱 개였다.

잔뜩 흥분한 사육사들은 열띤 의견 교환 끝에 문을 열고 울 안으로 들어갔다. 사육사 하나가 커다란 마대 자루를 벌려 몸부림치며 빠져나가려는 비단뱀의 머리를 가렸고 그 틈에 다른 사육사가 알들을 거두어 시골 아낙의 앞치마와 흡사하게 생긴 금발 여인의 덧옷에 담아 주었다. 금발 여인이 알들을 모두 거두자 알을 주워 담던 사육사가 문을 나와 마대 자루로 뱀의 시야를 가로막던 사람이 빠져나오기를 기다려 유리문을 닫아 버렸다.

사육사 셋은 알이 가득 담긴 덧옷을 맞들더니 자갈길을 넘어 다른 건물로 들어가 버렸다.

뱀은 바닥으로 미끄러져 내려섰다. 끝없이 이어진 듯한 몸통은 거대한 머리를 앞세우고 무엇을 찾기라도 하듯 우리 안을 맴돌았다.

이렇게 몸소 식물원을 견학했는데도 식물원에 대한 내 관심은

점점 더 도를 더해갔다. 목록을 수집한 지 25년째 되던 어느 날 나는 1827년에 식물원에 수송돼어 온 기린에 대한 《뉴요커》지의 기사를 보고 놀라움을 금치 못했다. 이 놈은 이집트에서 마르세유까지 배를 타고 건너온 후 파리까지 걸어서 온, 프랑스에는 처음으로 모습을 보인 기린이었던 것이다.

이 기사는 기린에 대해 이국적인 요소가 가미된 동화 같은 이야기를 간단하게 엮은 것이었다. 적어도 처음의 내 생각은 그랬다. 오스만 제국의 이집트 부왕(副王)인 무하마드 알리가 프랑스의 샤를 10세에게 선물한 기린이 봄날 위대한 프랑스 제국의 시골길을 뚜벅뚜벅 걸어 파리로 향한다. 이 얼마나 이국적이고 희한한 정경인가.

그 후 그 기린에 대해 10년이 넘도록 조사한 결과, 그 기린에 대해 과학자, 저널리스트, 역사가, 소설가, 동화작가, 만화가, 화가들이 한 말들, 그리고 그들이 듣고 전한 말들이 믿을 수 없을 정도로 황당하다는 사실을 알았다. 하지만 그 이야기를 소설로 다루기로 한다면 구태여 진실을 찾을 필요는 없을 것이었다. 나를 포함해 그 기린에 대해 썼던 사람들은 하나같이 그 이야기며 신화에 흠뻑 빠져들었고, 피라미드 도굴범들이 파라오의 저주를 받듯, 그렇게 사실과는 다른 불가사의를 전달할 수밖에 없게끔 꼼짝없이 주문에 걸려들었다.

기린을 뜻하는 영어의 지래프(giraffe), 프랑스어의 지라프(girafe), 이탈리아어의 지라파(giraffa)는 모두 아랍어의 제라파(zerafa)에서 온 말로 이 말은 '매력적인' 혹은 '사랑스러운 자'를 뜻하는 자라파(zarafa)가 음성학적으로 변형된 것이다. 나는 그 기린에게 자라파라는 이름을 지어 준 후 해바라기 꽃들이 만발한 프랑스의 어느 마을을 뚜벅뚜벅 걸어온 그 여정을 생각해 보았다. 그런데 자라파가 파리에 도착하기까지의 그 묘한 여정에 대해 알아 갈수록, 그 인상이 너무 강렬해져만 갔다. 내가 이곳저곳에서 모아 온 기록들이 단순한 허구일 수만은 없다는 믿음도 커져 갔다. 게다가 그 기린의 여정에 참여했던 사람들이 실재 인물들로 밝혀짐에 따라 그 기록은 단순히 동화에 그치는 것이 아니라 매력적인 역사임을 굳게 믿게 되었다.

프랑스에 처음 모습을 드러낸 기린은 이집트 주재 프랑스 영사이자 무하마드 알리의 개인 고문이었던 베르나르디노 드로베티의 머리에서 1824년에 나온 생각이었다. 부왕은 그리스와 치렀던 전쟁 때문에 유럽에서 막 공분을 사려는 찰나였고 드로베티는 그 해 왕위에 즉위한 샤를 10세와 우호를 도모하려면 기린을 선물로 보내는 것이 좋겠다고 간언을 했다.

드로베티와 부왕은 서로 죽이 잘 맞았다. 그들은 19세기 초두에 국적을 버린 모험가들이었다. 드로베티는 젊은 시절 프랑스에 귀화해 관료가 된 이탈리아 군인 출신이었고, 무하마드 알리는 오스만 제국 군대에 입대한 아랍 상인 출신이었다. 이 두 사람은 그 기린과 마찬가지로 흥미로운 인물이었지만 한편으로는 지독히도 모순적인 면을 지닌 인물이기도 했다.

무하마드 알리는 자기 자식을 포함해 아랍인 수천 명을 유럽에 보내 교육을 받도록 했던 반면에 노예 무역과 강압적인 과세 정책으로 재정을 충당하여 이집트를 근대화시킨 인물이기도 했다. 드로베티는 공식 직함은 외교관이었지만 외래 동물이나 이집트의 유물, 미라를 유럽의 돈 많은 상인들과 불법 거래하여 재산을 축적한 인물이었다.

드로베티는 전형적인 중산층 사업가로 왕실의 호의를 자신의 돈벌이로 삼는 데 일가견이 있었다. 그는 부왕과의 오랜 유대로 이집트에서 가장 영향력 있는 유럽인이 될 수 있었다. 그는 또 이집트 분묘를 도굴해 유물을 판매한 최초의 인물로 고객에게는 호감을 주었던 반면 경쟁자에게는 요주의 대상의 위험 인물이었다. 그는 근 30년을 이집트에서 보냈는데 그가 이집트에서 빼내간 고고학적 유물은 지금 토리노, 파리, 베를린 박물관의 큰 소장 목록을 차지하고 있다.

자라파의 여정은 마르세유에서 파리까지 걷는 것으로 대미를 장식했지만 중앙 아프리카에서 시작된 그 여정은 거리가 6천 킬로미터에 기간만 해도 2년이나 소요되었다. 아랍 사냥꾼들이 에티오피아 고지에서 사로잡은 어린 기린은 낙타 등에 실려 세나르로, 다시 여기서 청나일 강을 배로 내려가 하르툼으로 이송되었다. 하르툼에서 자라파는 끌려가는 노예와도 같이 참혹한 항해를 거쳐 근 3천 킬로미터나 떨어져 있는 카이로와 알렉산드리아에 도착해 지중해 여행을 맞게 되었다(나일 강의 여정이 어땠는지에 대해서는 일치되는 의견이 없다).

만일 자라파가 여행 중에 죽었을 경우 부왕의 진노가 어떠했을 것인가를 생각하면 자라파의 생존은 보장된 것이나 다름없었다.

여기에 아프리카 동물을 유럽에 실어 보냈던 드로베티의 경험도 한몫을 톡톡히 했다. 드로베티는 파리까지 자라파를 책임질 아랍인 마부 하산과 그를 도와줄 수단인 아티르를 알렉산드리아에서 고용했다. 그들은 지중해를 꼬박 3주 동안 항해했고, 마르세유로 떠나기 위해 또 한 주를 대기해야 했으며—도합 32일이 소요되었다—그 동안 기린은 다른 동물들 틈에 끼여 갑판 위로 뚫린 구멍 사이로 긴 목을 내놓은 채 줄곧 서 있어야 했다.

기린의 여행에 소요될 경비를 책임진 마르세유와 파리의 관료들이 동분서주하고 있는 동안 기린에 매료된 마르세유 지사는 자신의 관저에 우리를 짓고 군중을 피해 밤늦게 도시로 기린을 몰고 왔다. 기린과 함께 우리에 머물던 하산과 아티르는 젖소를 앞세우고 운동삼아 기린을 산책시켰다. 이렇게 마르세유 근교의 시골을 산책시키는 시간을 늘려 나감에 따라 지사와 하산은 기린이 낮 동안의 짧은 여행으로 파리까지 능히 걸어갈 수 있다는 확신을 갖게 되었다.

행진은 1827년 5월 20일 시작되었는데 총지휘는 당시 가장 저명한 과학자 중 한 명인 에티엔느 조프루아 생틸레르가 맡았다. 프랑스 혁명으로 1793년 국립 자연사 박물관이 창립되었을 당시 스물한 살이던 생틸레르는 설립자 12인 중 가장 젊은 사람이었다. 군중들이 베르사유의 왕립 동물원을 습격했을 때 이 재난 속에서 살아 남은 동물들로 파리 동물원을 출범시킨 이가 바로 생틸레르였다. 그는 서른 살이 되기 이전인 1798년에 나폴레옹의 이집트 원정을 따라 나선 영웅적인 학술단의 일원이었고 그곳에서

3년 동안을 군인들과 함께 보냈다.

이제 쉰다섯이 되어 통풍과 류머티즘으로 고통을 받고 있던 생틸레르는 살아 있는 전설이자 누구도 넘볼 수 없는 동물학의 권위자로서 기린과의 도보 여행을 바야흐로 시작할 참이었다. 생틸레르는 마르세유에서 요세프라는 아랍 소년을 고용했는데 그 소년은 이집트 피난민의 아들로 두 나라 말을 할 수 있었으므로 조수 겸 하산과 아티르의 통역을 담당했다.

마르세유에서 파리까지의 여정은 1827년 5월에서 6월까지 총 885킬로미터에 걸쳐 이어졌다. 이 기간 동안 기린은 이제껏 모습을 보인 적이 없는 진귀한 동물로 소란스런 군중들의 호기심거리가 되었다. 들판과 포도밭, 심지어 먼 시골에서 몰려나온 사람들은 신화에 나오는 동물들을 모두 합쳐 놓은 듯한 이 살아 있는 동물―뿔이 달리고 혹 대신 목이 길게 뽑아져 나온 데다가 다리는 사람의 키만큼이나 긴, 얌전하고 기묘한 낙타 같은 형상의 동물, 발굽은 소발굽을 닮았고, 몸에 난 점은 표범, 아니 흡사 번개가 지나간 자리 같으며, 53센티미터 길이의 혀는 뭔가에 놀란 남빛 뱀처럼 생긴―에 놀라 자빠졌을 것이다. 여행이 진행되는 동안 생틸레르의 건강은 악화되어 갔고 파리의 관리들은 불어만 가는 구경꾼들에 대한 생틸레르의 우려를 묵살했다. 호송대가 리옹에 도착할 즈음이 되자 기린은 너무도 유명세를 타서 3만 명에 달하는 구경꾼들이 놈을 보기 위해 몰려나왔다. 파리에 도착한 기린은 국왕을 알현했다.

자라파의 이런 기행담은 놈이 파리에서 불러일으킨 사건의 서

막에 불과했다. 파리의 멋쟁이 여자들은 자라파의 머리 모양을 본떠 아 라 지라프(à la Girafe)라는 스타일로 머리를 높이 올렸고, 남자들은 거리에서나 살롱에서나 지라피크(giraffique) 모자와 타이를 착용했다. 이제는 아름답지만 희미한 전설로 남은 프랑스 최초의 기린은 국가적인 상징물로 전 유럽의 부러움을 샀으며 노래 가사와 시, 희가극, 정치적 비유의 주제가 되었고, 광장과 거리, 여관, 심지어 유행성 독감에도 그 이름이 붙었다.

자라파와 함께 파리에 머물렀던 아티르는 식물원 영내에서 자라파와 함께 산 아랍인으로 유명세를 탔다. 그는 자라파가 목을 내밀면 닿을 정도로 낮은 이층에서 잠을 잤다. 지상과는 사다리 두 개가 유일한 통로였다. 자라파를 돌보는 것이 그의 일상 업무였다. 밤에도 그는 자라파를 곰살궂게 챙기는 것으로 유명했다.

1996년 가을 나는 자라파의 여정을 다시 한 번 추적하기로 했다. 나는 추수감사절을 청나일 강이 흐르는 세나르에서 맞았다. 마을 아래로는 여전히 북쪽 방향으로 입을 넓게 벌린 강의 만곡부가 옛 정취를 간직한 채 남아 있었지만 하르툼으로 출항하기 위해 이곳에 하선했던 자라파나 수많은 흑인 포로들의 흔적이라곤 아무것도 남아 있지 않았다. 프랑스 탐험가 프레데릭 카이요는 1821년 세나르에서 기린들을 보았다고 기록하고 있다. 그러나 아랍 노예들과 사냥꾼들이 기린을 남획했고 이내 기린은 자취를 감

추게 되었다. 그 결과 3년이 채 못 되어 프랑스 왕에게 보낼 선물감은 부득불 이곳에서 320킬로미터나 떨어진 오지에서 포획해 와야만 했다. 청나일 강을 따라 세나르에서 하르툼까지, 다시 여기서 나일 강을 따라 이집트까지 내려가면서 나는 강의 계절적 요인으로 인해 자라파가 알렉산드리아까지는 손쉬운 항해를 했으리라고 믿게 되었다.

아프리카에는 자라파의 카이로 여정에 대해 남아 있는 기록이 없다. 자라파는 시타델에 있는 무하마드 알리의 분묘 아래 뱀이 떼로 몰려 있던 방에서 무하마드 알리에 대한 공문서가 발견된 1938년까지 잊혀져 있었다. 40년이 넘는 재임 기간 동안 그가 했던 공식적인 언급들이 아랍어로 기록되어 남아 있었던 것이다. 무하마드 알리의 자손으로 이집트의 마지막 왕을 지낸 파루크 1세가 이 문서들의 목록을 만들도록 지시했는데 이것들 중 "세나르에서 온 기린"에 대한 부왕의 지시문이 발견된 것이다. 목록을 만드는 동안에는 이 명령문들이 번역되지 않은 채 아랍어로만 남아 있었다. 그 뒤 이 문서들은 유럽의 어떤 저널리스트에게 알려졌고 그는 엄청난 애정을 쏟아부어, 비록 사실과 다소 다르긴 하지만 프랑스에 유럽 최초의 기린에 대한 기억을 환기시켜 주었다.

세나르에서 시작해 하르툼을 거쳐 나일 강을 따라 내려와 카이로와 알렉산드리아에 도착한 후 다시 지중해를 건너간 자라파의 여정에 대해 이 저널리스트가 남긴 부정확하지만 귀중한 기록은 결국 마르세유의 기록 보관소에 묻혀 있던 비공식적 기록들, 행정 문서, 마르세유에서 겨울을 났던 기린의 일일명세서(기린에게 들어가던 하루치 비용을 기록한)와 이듬해 봄 파리까지 걸어간 여행에 대한 상세한 기록들을 찾아내게끔 했다.

이 발견으로 놈에 대한 사실적인 이야기를 알아낼 수 있었고, 리옹의 옛 신문에 남아 있는 기사 덕분에 "이집트에서 온 아름다운 기린"과 아랍 사육사를 열광적으로 환호했던 사건을 좀 더 깊이 있게 접할 수 있었다. 같은 신문의 지면들에는 무하마드 알리의 그리스 전쟁을 보도함으로써 이슬람에 대한 반감을 한껏 고조시키고 있었다. 자라파의 도착은 일대 사건이 되었고, 자라파에 대한 이야기는 역사와 관련된 만화경으로 치장되었다.

그 기린은 이집트와 프랑스의 유대를 위해 보내진 왕실의 선물이었다. 자라파는 또 다른 세계에서 온 사자(使者)였고, 놈의 여행은 나일 강이 아프리카 곳곳을 흘러 종래에는 대양에 합류하듯 그토록 멀고 낯선 곳까지 이어졌다. 자라파가 밟았던 여정을 함께 했던 배역들과 놈의 주변에서 수집되고 놈에게 초점을 맞추었던 역사는 파리까지의 여정만큼이나 경이로운 것이었다. 드로베티는 1798년 나폴레옹의 이집트 원정으로 시작된 이집트학의 단초를 마련한 사람이었고, 동시에 프랑스에 반했던 이교도 군주 무하마드 알리로 하여금 이집트를 과거와 단절시켜 근대화를 이루게끔 멍석을 깔아준 사람이었다. 시종일관, 그리고 매 단계마다 자라파 이야기는 아귀가 맞지 않는 구석이 있다. 그러나 흡사 유럽의 계몽주의와 공존했던 아프리카 노예 무역처럼 복잡하면서도 백나일 강이나 청나일 강이 결국에는 나일 강으로 흘러들듯 믿을 수 없을 만치 단순한 이야기이기도 하다.

1
두 개의 아프리카

하르툼에 있는 나일 강의 시원(始原) 위로는 삼바트 교(橋)가 걸쳐 있다. 다리 남쪽으로는 나무가 빽빽이 들어찬 투티 섬이 위치해 있으며 그 주변으로 백나일 강과 청나일 강이 물이 섞이지 않은 상태로 합류해 새 강을 이룬다.

서쪽의 옴두르만 제방을 흐르는 백나일 강은 강폭이 좀 더 넓고 물의 흐름도 완만한데 적도의 빅토리아 호를 시원으로 해서 3천2백 킬로미터를 흘러온다. 길이가 백나일 강의 절반밖에 되지 않는 청나일 강은 사람의 심장 모양을 한 타나 호를 시원으로 해서 남쪽으로 완만히 흐르다가 롤러코스터처럼 서쪽으로 급히 방향을 꺾어 다시 북으로 돌아 에티오피아를 빠져나간다. 청나일 강의 세찬 물살 덕분에 이곳에는 주혈흡충병을 일으키는 기생성 편형동물이 없다. 주혈흡충병의 주요 증상은 설사로, 이 질병은 아프리카가 서방의 영향을 받기 시작한 이래로 백나일 강을 오염시켜 왔다.

나일 강 지도

자라파가 살았던 시대까지, 다시 말해 강의 상류인 세나르부터 건설된 댐들이 청나일을 가로막기 이전까지는 여름 홍수기의 거칠고 세찬 물줄기가 백나일을 투티 섬 남쪽 끝까지 가로막고 있었다. 나일 강 유역을 침수시키는 물의 85퍼센트는 청나일 강에서 유입되는데 이 물이 에티오피아 고지에서 깎여 나간 거무스레한 침적토를 실어 날라 이집트 사막을 비옥하게 하고 있다.

이 두 강에 댐이 놓인 오늘날에도 여름철 — 지금도 하르툼의 우기는 8월에 시작된다 — 에는 청나일 강의 물이 더 탁한 반면 이제는 더 이상 흐름에 방해를 받지 않는 백나일 강도 여전히 강폭이 넓고 흐름도 완만해 청아한 물빛을 자랑하고 있다. 당시에도 이 두 강은 그 물빛과 성격이 전혀 딴판이어서 멀리 떨어진 두 개의 아프리카가 점차 합쳐지기 전까지 몇 킬로미터나 서로 부딪히고 뒤섞이곤 했다.

가을에는 이 두 강의 차이가 줄어들어 완만히 흐르는 물살이 삼바트 교 밑에서 나란히 찰랑거리지만, 수심이 좀 더 깊고 물살이 빠른 청나일 강은 순연한 남빛을 띤다. 청나일과 합류하는 백나일 강은 좀 더 빛이 바래 보이며 왠지 노쇠해 보인다. 연중 강폭이 가장 좁아진 기간에도 그 길이는 족히 8백 미터는 되지만 투티 섬 근처의 수심은 낮아져 어부들이 강 가운데에서도 배 없이 그물질을 할 수 있을 정도가 된다.

투티 섬 남쪽으로 난 동쪽 제방에는 강과 나란한 곳이 있는데 이집트계 투르크 사람들이 거기다 세운 군사 기지가 후에 하르툼으로 발전되었다. 하르툼이란 지명은 코끼리 코를 뜻하는 아랍어에서 나온 것으로 서구의 역사가나 여행 안내 책자에서 곶의 형상을 묘사하기 위해 썼던 말 같다. 그렇지만 코끼리 코가 실제로 그곳을 지칭하지는 않는다. 백나일 강과 청나일 강 사이에 접해 뻗어나온 마을은 1824년 투르크인들이 이곳에 기지를 세우기 족히 2백 년 전부터 아랍인과 마하족이 살고 있던 곳이었다. 마하족의 일곱 마을 중 가장 오래된 마을이 하르툼―곶의 동쪽에 있는 17개의 모스크 옆에는 돌출된 바위가 지금도 서 있다―으로 알려졌는데 투르크인들이 이 마을 이름을 빌려 자신의 기지 이름으로 삼은 것이다.

마하족은 수단과 누비아에 걸쳐 있는 강 상류를 따라 둥그렇게 마을들을 이루고 살고 있는데 강 근처나 물 위로 바위가 솟아난 곳은 어디든 하르툼이라는 이름을 붙였다. 투르크인들이 진주하기 오래 전부터 칼라브샤 남쪽에는 일곱 곳의 하르툼이 있었다.

수단을 빙 돌아 1천6백 킬로미터를 흘러온 나일 강은 지난 세기에 건설된 댐들에 가로막히기 전에는 하르툼과 아스완 사이에 있는 여섯 개의 거대한 폭포를 만났다(지금은 폭포가 다섯 개만 남아 있다. 이집트와 수단 국경에 있는 두 번째 폭포는 나세르 호 밑으로 가라앉아 버렸다). 폭포는 실제로 물이 떨어지는 장소가 아니라 여름철 우기 동안 물에 잠겨 있던 바위가 건기 때면 수면 위로 드러나면서 형성되는 자연댐이다. 1820년대 초 나일 강 상류를 투르크 군이 굳게 지키고 있을 때까지는 폭포들이 배의 항해에 그다지 방해가 되지 않았다. 강둑을 따라서는 마하족과 다른 무슬림 부족들이 살고 있었다.

투르크인들이 이곳을 지배하기 이전에는 이 부족들이 중앙 아프리카와 카이로 등 외부 세계를 연결하는 대상(隊商)들을 약탈했다. 대상들은 안전을 도모해 외부인이나 상인들과 광범위한 제휴를 맺었는데, 이들 중 일부는 일족들이 모두 장사에 나서 시장에서 시장으로, 아프리카와 중동, 심지어는 중국에까지 수년간 여행을 지속했다.

나일 강을 따라 살고 있는 무슬림 부족 중 가장 큰 공포의 대상이 되었던 부족은 네 번째와 다섯 번째 폭포 사이에 살고 있던 사키야족이다. 남북 교역로를 택했던 대상들은 이들을 피하기 위해 베르베르와 아스완 사이를 흐르는 나일 강을 우회해 물도 없는 사하라 사막 650킬로미터 길을 목숨을 걸고 횡단했다. 사막의 교차로는 여행 중 낙오되어 도살된 낙타 유골로 표시되어 있었는데 대상들은 낙타의 머리뼈가 메카 쪽을 향하도록 두었다. 여행을 계속할 수 없었던 사람들은 동료 상인에게 물건을 강탈당하거나 버려져 죽어 갔으며, 그렇지 않으면 그들을 쫓아온 비적들에게 살해당했다.

수세기 동안 아프리카를 가로지르는 두 개의 중요한 대상 교역로—세나르에서 지중해에 이르는 교역로와 통북투에서 홍해에 이르는 교역로—는 동방과 서방 그리고 아메리카로 보내지는 노예 교역로로 이용되기도 했다. 두 개의 교역로는 첫 번째 폭포 바로 북쪽에 위치한 센디 노예 시장에서 교차된다.

8천 년 전 기후 변화로 사하라 사막이 형성되기 이전부터—그 때는 기린과 코끼리를 비롯한 여타의 동물들이 사바나에서 지중해까지 누비고 다녔다—사람들은 나일 강 상류를 따라 살고 있었다. 건조한 태양열이 지금까지 남아 있는 고대 이집트의 유물들을 보존하기 이전부터 동물들은 남쪽으로 물러났다. 그러나 사람들은 강 양안으로 수단과 누비아를 따라 수백 킬로미터에 걸쳐 뻗어 있는 좁은 오아시스 지대에 머물러 있었다. 이 오아시스들은 나일 강의 물을 수차로 끌어들이거나 두레박으로 퍼나르는 형태의 조방식(粗紡式) 관개 시스템으로 유지되어 왔다.

여섯 번째 폭포와 강 사이를 따라 살았던 고대의 거주자들은 곡물과 과수를 재배했으며, 노란 꽃이 피는 아카시아 나무를 심었다. 아카시아 나무에서 나는 진은 독성이 있어 벌레가 침범하지 못했고 습기에 강했으므로 누비아인들은 땔감 외에도 배나 수차, 두레박을 만드는 데 아카시아 목재를 썼다. 고대 왕국의 수도였던 동골라는 지금도 대추야자 숲으로 유명하다. 동골라 아래로 흐르는 강 하류에는 초기의 누비아족들이 세력을 얻어 예전에 자신들을 지배했던 이집트인들을 잡아 노예로 삼았다는 고고학적 증거가 있다. 아이러니컬하게도 이집트 포로들은 예전에는 자신들이 노예로 삼았던 그 후예의 저주를 받아 누비아족의 장례 의식에서 산 채로 묻혀야 했다.

아마도 나일 강 상류가 오랫동안 노예 교역로로 이용되었던 탓에 오늘날에도 많은 수단인들이 우수에 차고 경계를 띤 듯한 점잖음을 지니게 되었을 것이다. 독립한 지 40년이 지난 수단공화국은 아프리카에서 가장 면적이 넓은 나라로 아프리카 대륙의 인종적, 기후적 교차점이 되어 왔다. 사막이 열대다우림과 섞여 남쪽으로 1천6백 킬로미터나 뻗어나가듯이 백인종과 흑인종은 수단에서 사하라의 누비아족에 융합되어 점차로 검은 피부를 띠다가 적도를 마주한 누에르족과 딩카족에 이르면 사람들이 흑단처럼 눈부신 검은 피부를 띠게 된다.

수단의 지도를 들여다보면 하르툼에서 이집트 국경을 흐르는 나일 강이 거대한 뱀 모양으로 S자 형태를 띠고 있음을 알 수 있다. 수단(Sudan)의 머리글자인 S는 지형학과 어원학이 우연히도 일치를 이루는 글자다. 수단이라는 이름은 초기 무슬림들이 나일 강 상류에서 마주쳤던 원주민의 피부가 검었다는 사실과 관련이 있다. 바로 '검다' 라는 뜻의 아랍어에서 유래한 말이기 때문이다. S는 노예(slave)를 뜻하기도 한다.

자라파를 사로잡아 보살핀 아랍인들은 무하마드 알리가 개척한 노예 무역로를 따라 여행을 했다. 아프리카에서 잡힌 사람들과 동물들이 다같이 나일 강을 따라 지옥 같은 사막을 통과해 외부 세계로 떠난 여정은 기묘하기 짝이 없다. 두 번째 폭포와 첫 번째 폭포 사이에 위치한 아부심벨에서는 최근에 강의 서쪽 제방 절벽을 따라 새겨진 거대한 파라오의 부조(浮彫)가 네 개 발견되었다. 그런데 람세스 2세를 새긴 이 부조의 얼굴은 흑인이어서 흡사 펠러커선〔지중해 연안의 삼각돛을 단 범선―옮긴이〕을 타고 바다를 건너온 포획자라기보다는 포로처럼 보인다. 20세기까지 모래 속에

목까지 묻혀 있던 스핑크스의 얼굴도 마찬가지로 흑인이었다. 고대 이집트인들 대다수는 지금도 사막에 묻혀 있거나 룩소르 신전이나 카르나크 신전처럼 수세기 동안 9미터 지하에 묻혀 인간 화석이 되어 왔다. 자라파가 살았던 시대에 남쪽의 아부심벨이나 북쪽의 스핑크스를 본 여행객들은 그 규모에 압도되어 자신들이 이제는 절멸한 거인족의 땅으로 들어가고 있다는 인상을 받았을 것이다.

이집트학은 무하마드 알리와 그가 파리로 보냈던 기린 이야기, 그리고 나폴레옹의 이집트 원정과 함께 시작된다. 자라파가 나일강을 따라 여행을 시작하기 28년 전 프랑스 군대는 고대 유적에 그들의 흔적을 남기고 떠났으며 또 그 정복으로 인해 엄청난 재난을 겪었다. 난파된 군함은 자라파가 알렉산드리아에 도착할 때까지도 여전히 해변을 떠돌았다. 그런 한편 이 때에 이르면 원정대가 남긴 흔적은 전대미문의 지적 승리로 이어지는 기념비가 되었고, 프랑스와 이집트는 서로의 매력에 이끌려 유대를 맺게 된다.

2
이집트의 나폴레옹

 고대 이집트는 1798년의 원정에 참여했던 나폴레옹과 프랑스 군대, 학자들 덕택에 복원될 수 있었다. 인간 심성 속에 공통으로 자리잡고 있었던 18세기의 계몽주의에 대한 신념은 미국과 프랑스의 민주 혁명에 불을 지폈고, 다른 세계에 대한 이런 과학적, 군사적 침략이 새 시대를 여는 최초의 위대한 모험으로 승화되었다.
 1793년 1월 21일 루이 16세가 단두대에서 참수되던 해, 당시 21세의 포병대 하급 장교였던 나폴레옹은 센 강가에서 밤늦도록 자살 문제로 고민을 하고 있었다. 그로부터 정확히 5년이 지난 후, 이제는 장군이 된 나폴레옹은 혁명으로 유발된 전쟁을 승리로 이끌어 조국에 영광을 안겨주었다. 프랑스는 서유럽에서도 우뚝 선 국가가 되었으며 나폴레옹은 영웅의 나라의 상징이 되었다.
 새로운 프랑스 공화국은 이탈리아와 오스트리아와의 전쟁에서 멋지게 승리한 젊은 장군에게 군항 도시 브레스트에서 군대를 소집해 영국을 공격하도록 했다. 나폴레옹은 이를 거부했다. 영국의 막강한 해군력을 이겨낼 수가 없다고 생각했던 것이다. 대신 그는 브레스트에서 동맹을 맺고 있던 영국과 에스파냐의 해군을 지중해로부터 몰아낼 준비를 착실히 하자는 제안을 했다. 이렇게 되면 지중해의 여러 항구로부터 거대한 프랑스 예비 부대가 비밀리에 출항할 수 있을 것이며, 그 후 이 함대는 바다에서 합류해 이집트까지 진격한 후 지상전을 통해 중동까지 진출을 할 수 있고, 급기야는 대영제국의 보물인 인도까지 위협할 수 있으리라는 것이었다.

정부는 1798년 4월까지도 이 대담한 계획을 승인하지 않았다. 그러나 조직적이면서도 천부적인 전략가였던 나폴레옹에게는 동방 종군 용사회가 있었다. 출항은 툴롱, 제노바, 아작시오, 치비타베키아에서 5월 셋째 주에 하기로 예정되었다. 작전은 철저히 비밀로 붙여져 이 작전에 참여한 수만 명의 군인들 태반이 자신들이 어디로 향하는지 알 수 없었다. 나폴레옹에게 충성하도록 훈련된 그들은 굳이 알려고도 하지 않았다.

툴롱의 주력 부대와 함께 출항한 나폴레옹의 정무 기록관인 도미니크 비방 데농은 근 4백 척에 이르는 선대가 바다를 온통 뒤덮고 있어 흡사 떠 있는 도시 같았다고 증언하고 있다. 새벽 여명 속의 수평선에 늘어선 배들이 마치 베네치아의 돔과 첨탑에 금박을 입힌 듯 밝게 빛을 발하는 모습은 마치 동방과 서방이 조우하는 도시 자체가 나폴레옹이라는 찬란한 별을 따라 동방으로 발진하는 듯 했다는 것이다. 여기에 더해 프랑스 현자 154인이 별빛에 이끌려 따라나섰다. 기함이었던 로리앙 호에 탑승했던 사람들만

이 이 거대한 모험을 이끌었던 28세의 장군이 항해 내내 배멀미에 시달렸다는 것을 알 수 있었을 뿐이었다.

브레스트 작전은 기대 이상이었다. 영국과 에스파냐 함대는 임박한 교전을 위해 프랑스 전함이 지브롤터 해협을 거쳐 대서양으로 나오리라고 믿고는 경계를 늦추어 버렸다. 나폴레옹의 함대는 적과의 교전을 피해 몰타 섬에 도착한 후 4천 명의 병력을 진주시켜 이 섬을 접수한 후 7월 1일 알렉산드리아에 상륙했다.

나폴레옹은 전위 부대 5천 명을 진두지휘해 해안에 상륙한 후 야음을 틈타 수비대를 기습해 저항을 무력화시켰다. 그 뒤 수일에 걸쳐 후속 부대 2만 9천 명이 상륙해 무기와 보급품을 내려놓았다. 나폴레옹은 자신의 함대가 영국군과 교전한다면 중과부적이 될 것임을 잘 알고 있었다. 그는 전 함대에게 하역 작업을 마치는 즉시 코르푸로 피신할 것을 명령했다. 7월 7일 그가 이끄는 프랑스 군대는 사막을 건너 노예 출신의 기병인 맘루크들이 방어하는 카이로를 향해 진격했다.

맘루크는 초기 이슬람 사회에 존재했던 사회 계층이다. 이들은 원래 비아랍계의 유라시아 출신 노예—전부 소년들이었는데 이들은 전쟁 포로가 아니라 유목민 부모들이 출세를 시키기 위해 팔아넘긴 이들이다—로 엄격한 훈련을 거쳐 무슬림 군대에서 복무했다. 14세기에 이르면 이 파란 눈을 한 노예 전사들—맘루크는 아랍어로 '귀속된 자'란 뜻이다—은 자신들만의 독자적인 세계를 구축했고 오직 최고 통수권자에게만 충성을 바쳤다. 1258년 몽골의 징기스칸이 당시 이슬람 제국의 수도이던 바그다드를 점

맘루크 기병

령하자 다른 지역에 주둔해 있던 맘루크들이 이 기회를 틈타 권력을 찬탈하고 중동의 여러 지역과 이집트의 대부분을 점령했다. 이들에게는 어렸을 적 팔려온 가치가 그들의 신분과 자존심의 척도가 되었다. 이집트 술탄이 된 최초의 맘루크인 비바르스는 그가 팔렸던 금액을 따 '천금'이라고 불리기도 했다.

이 야만적인 전사들은 당쟁과 폭력을 일삼았다. 미혼이거나 동성애자인 전사들은 다시 유라시아의 어린 소년을 사들여 자신들의 후계자로 삼았다. 이집트의 맘루크들은 1248년부터 1254년에 걸쳐 일어난 7차 십자군 전쟁에서 패했던 중세의 기사들 못지않게 방종했다. 다미에타 전투에서 승기를 잡는 듯했던 프랑스 왕 루이 9세와 1만 5천에서 2만 5천에 달했던 십자군 병사들이 포로가 되어 몸값을 치러야만 했던 전례도 있었다.

이집트의 지배 계층이 된 2만여 명의 맘루크들은 1517년 오스만 제국에 정복된 후에도 독자적인 지위를 누렸다. 카이로는 콘스탄티노플에 공물을 바쳐야 했는데 이런 와중에서도 맘루크들은 주민들을 심하게 착취했다. 이들의 사치스런 생활은 도를 넘을 정도였다. 유럽의 작가들은 맘루크들에 대해 이들의 취향이 극히 우아해 실내 장식은 입을 다물지 못할 정도로 호사스럽지만 생활은 너무 방탕해 그 모순성에 놀라 자빠질 지경이라고 묘사하고 있다.

19세기 끝 무렵에 활동했던 영국의 동양학자 스탠리 레인 풀은 맘루크를 두고 "일단의 무법자인 이들은 원래 노예 출신으로 피에 굶주려 내키는 대로 살상을 자행하고 배반을 일삼지만, 한편으로 이 노예 황제들에게는 문명국의 입헌 군주들에게나 기대할 법한 고매한 예술적 심미안이 있다"고 쓰고 있다.

나폴레옹 역시 압도적으로 우세한 프랑스군에 맞서 용맹스럽게 전투에 나서는 3천 명의 맘루크들의 모습을 보고는 경탄을 금치 못했다. "온통 금은으로 장식한 군인들이 성능 좋은 런던 카빈총과 권총으로 무장한 채 말을 타고 있다. 이들은 동양 최고의 기병대임에 틀림없다. 아마 이들이 탄 말도 대륙 제일의 명마일 것"이라고 나폴레옹은 평했다.

그러나 피라미드 전투가 벌어진 지 열하루가 되던 1798년 7월 21일, 8천 명의 맘루크 기병대는 프랑스 포대의 화력 앞에 무릎을 꿇어야 했다. 데농은 자살 행위와도 같았던 이들의 돌격에 대해 다음과 같이 묘사했다. "동양 최고의, 아니 세계 최고의 정예 기병대가 총검을 치켜들고 포병대를 향해 돌진해 왔다. 이들 중에는 포화에 옷이 불타고 있는 자들도 있었다."

퇴각하던 맘루크들 많은 수가 나일 강에 빠져 죽었고, 살아 남은 자들은 강 상류와 사막으로 뿔뿔이 흩어졌다. 다음날 카이로는 항복을 선언했고 도시의 열쇠를 나폴레옹에게 넘겨주었다. 5백 년 동안 지속된 맘루크 통치 시대가 말 그대로 하루아침에 종말을 고했다.

한편 알렉산드리아에 진주해 있던 프랑스 함대는 대부분 물러났다. 그런데 험악한 날씨가 이들의 진로를 가로막아 급기야 영국 함대에 발각되고 말았다. 피라미드 전투가 종결된 지 열하루가 지난 8월 1일, 프랑스 함대는 외팔이 애꾸눈 제독인 호레이쇼 넬슨이 이끄는 영국 함대의 포위망에 걸려들어 아부키르 만에서 몰살되었다. 파선한 배의 잔해들은 수십 년 동안 해안가를 떠돌았다.

고작 전함 네 척만이 가까스로 아부키르 만에서 빠져나올 수 있었다. 맘루크의 몰락이 순식간에 이루어졌듯 프랑스 함대의 몰락도 그렇게 순식간이었다. 영국 해군은 전사자 218명과 부상자 672명의 희생만으로 나폴레옹과 3만 4천 명의 대군을 고립시켰다. 넬슨의 승리로 영국의 평화는 확고히 보장된 반면 전력을 잃고 혼란에 빠진 프랑스는 수개월 내에 유럽 전역에서 철군을 해야 했다.

나폴레옹에게 이집트는 길고도 매력적인 악몽이 되었다. 나폴레옹은 이 때를 두고 "진력나는 문명의 속박에서 벗어나 …… 내 생애에서 가장 즐거웠던 시대"라고 회상했다. 나폴레옹의 모순된 천재성은 그 다음 해부터 아프리카와 중동에서 완전한 힘을 발휘하기 시작했고, 이러한 눈부신 활약은 나중에 이에 경탄을 금치 못했던 무하마드 알리를 자극했다.

나폴레옹은 양탄자가 깔린 호화스런 카이로의 궁궐 마루에 주저앉아 손으로 식사를 했다. 그는 터번을 머리에 두르고 낙타를 탔다. 이 낙타는 후에 박제가 되어 프랑스의 한 지방 박물관에 수년 동안 전시되었다.

한편 나폴레옹은 외교적인 필요성 때문에 이슬람으로 개종했고, 프랑스 학자들과 함께 이집트 지식인도 이집트 학사원에 참여시켰다. 물리학자였던 조셉 푸리에가 48인의 의장단 가운데 종신 비서관으로 선출되었다. 의장단 중에는 26세의 에티엔느 조프루아 생틸레르도 있었다. 수학협회 의장을 몸소 맡은 나폴레옹은 빠짐없이 회합에 참여했다.

그런데 계몽 국가 프랑스가 이집트를 점령하고 석 달이 지나 카이로에서는 반란이 일어났다. 나폴레옹은 무장한 폭도들을 무자비하게 학살함으로써 이를 진압했다. 그 뒤 시리아의 야파에서 승리를 거둔 나폴레옹은 항복한 포로를 수용할 수 없다는 이유로 3백 명은 풀어주고 나머지 투르크군과 시민 2,441명은 총으로,

카이로의 나폴레옹

그리고 후에는 탄약을 아낀다는 구실로 칼로 처형했다.

갓 서른이 된 1799년 8월, 나폴레옹은 파리의 정치적 혼란 때문에 더 이상 이집트에 머무를 수가 없었다. 그는 이집트에 군대를 주둔시킨 채 소수의 고위 장성과 참모만을 수행하고 카이로를 떠났다. 그들 태반은 알렉산드리아에서 출항할 때까지도 영국군의 부대를 뚫고 프랑스로 귀환해야 한다는 사실을 까맣게 모르고 있었다.

장 밥티스트 클레베가 이집트의 작전 지휘권을 맡으라는 서신을 하달받았을 때는 나폴레옹이 이미 이집트를 떠난 뒤였다. 클레베는 나폴레옹이 은밀히 빠져나간 사실에 분개했다. 그는 "저 얼간이가 우리를 똥통에 빠뜨렸다. 유럽에 돌아가면 반드시 되갚아 주겠다"고 호언했다. 나폴레옹은 클레베에게 프랑스에서 증원군이 도착할 때까지 대기할 것이며, 만일 아홉 달 내로 증원군이 도착하지 않거나 역병으로 1천5백 명이 죽을 경우에는 항복해도 좋다는 지령을 내렸다. 클레베는 넉 달을 버텼다. 그리고는 병사들의 비참함을 보다못해 영국과 투르크 연합군에 투항하기로 결심했다.

영국과 프랑스는 루이 16세가 참수된 지 열 하루가 지난 1793년 2월 1일부터 전쟁에 돌입했다. 프랑스와 적대적인 나라는 하나같이 영국과 동맹을 맺고 있었으므로 콘스탄티노플 측에서는 클레베와 런던의 항복 조인식이 연기되었다는 소식에 희희낙락했다. 영국 정부가 협정에 지나치게 굽히고 임한다고 생각했던 것이다.

참호를 파고 항전을 준비했던 프랑스군은 그 후에도 18개월 동안 이집트를 지배했으나 그 사이 클레베는 무슬림의 칼에 암살되었다. 프랑스군은 그 대가가 어떤 것인지 보이기 위해 암살범을 이슬람법에 따라 공개 처형했다. 그들은 암살범의 손을 팔꿈치까지 불태웠고, 몸을 말뚝으로 꿰뚫어 매달아 놓음으로써 서서히 죽도록 했다(그의 유골은 파리에 있는 국립 자연사 박물관에 전시되었다. 25년 후 무하마드 알리가 보낸 어떤 교환 학생이 미라와 함께 그 유골을 보았다고 전한 바 있다).

1798년 이집트에 상륙할 당시 3만 4천 명에 달했던 프랑스 군은 영국과 투르크 연합군에 항복한 때인 1801년에는 그 수가 절

맘루크와 전투 중이던 당시의 나폴레옹과 클레베

반 이하로 줄어들었다. 영국과 투르크 연합군 중에는 아랍 용병의 하급 장교였던 무명의 무하마드 알리가 있었다. 전해오는 말에 따르면 그가 아부키르에 상륙하기 전에 험한 바다에 빠졌는데 영국 군인들이 그를 구해 주었다고 한다.

    나폴레옹은 원래 군인 3만 8천 명, 선원 1만 6천 명, 학자 154명 등 도합 5만 4천 명의 인원과 책 289권을 싣고 이집트에 상륙했다. 후에 이집트를 근대화시킨 무하마드 알리의 업적은 나폴레옹이 원정길에 싣고 온 인쇄기에서 시작되었다. 그 인쇄기는 불어와 아랍어를 인쇄하기 위한 것이었다. 나폴레옹이 카이로에서 베푼 한 연회에서 손님들은 자기들 방석 위에 놓인 코란 지침서와 토머스 페인의 《인간의 권리》 불역본을 보았다고 증언하고 있다.

    당시까지도 이슬람은 인쇄된 책을 아랍 세계에 대한 신성 모독으로 여겼다. 인쇄술은 지적 정체는 아니더라도 서구식의 기술적 정체성을 반영한다는 것이었다. 이들에게는 필사야말로 '예술의 여왕'이었다. 서구의 전문 기술은 정보의 접근성을 기반으로 했다. 별에 이름을 붙인 것은 아랍인들이었지만, 그 비밀스런 영감을 과학으로 공유한 것은 유럽인들이었다. 18세기 마지막 10년을 유럽 세계는 전쟁으로 보내긴 했어도 유럽의 배들은 하나같이 영국의 항해력을 이용했다. 각지의 무슬림들이 메카를 향해 일제히 기도를 드리는 동안 유럽의 선박과 탐험가들은 일제히 그리니치에 시간을 맞추었다.

행군시 도열한 병력의 선두에 서서 말을 타고 앉아 읽은 책을 한 쪽 한 쪽 찢어 병사로 하여금 차례로, 또는 단체로 그 내용을 읽도록 했던 나폴레옹의 독서 습관에는 무언가 유럽 계몽주의의 상징적인 이미지가 있다.

나폴레옹은 동방 종군 용사회와 함께 학술단을 늘 대동했다. 학술단은 프랑스 학사원에서 차출한 공학자, 수학자, 고고학자, 동물학자, 광물학자, 물리학자, 화학자, 경제학자, 아랍 전문가, 지리학자, 지도 제작자, 천문학자, 화가, 시인, 음악학자 등 전문가 154인으로 구성된 "살아 있는 백과사전"이었다. 그들 대부분은 군대와 함께 이집트에 남아 오도가도 못하는 신세가 되었다.

이 3년의 이집트 체류 기간 동안 학자들은 이집트에 관한 것— 고대의 유물이나 당시의 거주자들, 홍해와 지중해를 연결하는 운하의 건설 가능성(한 공학자가 홍해가 지중해보다 10미터 높다고 잘못 계산하는 바람에 이 계획은 폐기되었다), 식물군과 동물군, 특히 악어의 신비한 성장 과정, 신기루 현상, 미라의 의학적 효과(유럽에서는 미라가 수세기 동안 근수로 계산되어 팔려 나갔다. 또 향료로서도 수지가 맞는 상품이었다)—이라면 무엇이나 연구하고 조사했다. 이 학술 자료들은 편찬되어 《이집트지(誌)》라는 불멸의 업적으로 남게 된다. 《이집트지》의 편찬은 워낙에 야심 차고 엄밀한 작업이었던지라 24권으로 이루어진 이 총서는 1809년이 되어서야 파리에서 그 첫째 권이 출간되었고 1828년에야 마지막 권이 출간되었다. 근 3백 명에 달하는 화가와 인쇄공이 이 계몽주의의

스핑크스를 측정하고 있는 학자들을 그린 도미니크 비방 데농의 그림

걸작을 출판하는 데 참여했다. 생틸레르의 다음과 같은 말에서 《이집트지》가 지닌 가치를 가늠할 수 있다. "우리는 그 어떤 나라도 해내지 못할 가장 고귀한 성과를 얻었습니다. 그토록 위대한 발굴품을 위해 이집트에서 수없이 쓰러져간 용맹스런 군인들에게 심심한 조의를 표합니다. 하지만 이 귀중한 업적물이 나옴으로 해서 망자들은 위안을 받고 평안함을 얻을 것입니다."

그러나 프랑스에 이집트를 알린 첫 번째 인물은 도미니크 비방 데농이었다. 극작가이자 외교관이며 나폴레옹의 정무 기록관이었던 그는 나일 강에서 누비아까지 맘루크들을 추적하는 군인들을 쫓아다녔다. 그는 밤낮을 가리지 않고 그림을 그리고 메모를 했는데 이 때문에 목숨을 잃을 뻔한 고비도 수없이 넘겼다. 그러나 운명의 여신은 늘 그의 편이었다. 하늘이 보호하사 그는 가까스로 카이로에 도착해 나폴레옹을 따라 파리로 귀환할 수 있었다. 이집트 정복을 묘사한 엄청난 분량의 그림과 보고서는 대중의 관심을 끌었고—각 장에는 "미지 세계로의 여행"과 같은 제목이 붙어 있다—이는 좀 더 학술적인 연구로 이어졌다. 그는 이집트 역사학자이자 열렬한 대변인이 되었다.

이집트에서의 패전은 순전히 군사적인 것에 국한되었다. 군인들이 고립되어 죽어 나가는 와중에서도 학자들은 열성으로 조사하고 수집했다. 그들에게 그 인고의 3년은 인간 정신의 가치를 입증한 승리의 세월이었다. 나폴레옹의 이집트 원정은 이후 전 시대를 두고 프랑스 지성의 경험으로 굳어졌고 그 전설적인 혈기는 그들의 길잡이가 되었다. 그들이 유럽에 전해준 '이집트 열풍'은 새로운 시대의 낭만적 매혹으로 신화화되었다. 그리고 이 열풍은 열 살 난 장 프랑수아 샹폴리옹을 감화시켜 동방의 언어를 습득하게끔 했고 급기야 1822년에 로제타석에 쓰인 상형 문자를 해독하게 만들었다. 나폴레옹은 그 전 해에 서거했지만 살아 남은 학자들은 샹폴리옹이 거둔 성과를 나폴레옹의 위대한 승리로 승화시켰다.

3

계몽된 야만인

무하마드 알리는 오래도록 프랑스에 경외감을 지니고 있었다. 1801년 3월 1일 프랑스 군과 대적하기 위해 이집트에 상륙한 것이 그 시발점이었다. 영국군의 승인 하에 1801년 7월에 프랑스군이 이집트에서 철수하자 카이로에는 힘의 공백이 생겼다. 무하마드 알리가 이끄는 부대는 전쟁의 최전선에 있었다. 맘루크들은 이미 세력을 잃었고 그 외의 적들은 몰살을 당했거나 몰살 직전에 있었다. 광포한 이 군사령관은 4년간의 피비린내 나는 전투 끝에 오스만 제국의 이집트 부왕으로 임명되었다.

무하마드 알리는 명목상으로는 콘스탄티노플의 술탄에게 복종을 하게끔 되어 있었지만 1805년부터 1849년 그가 죽던 해까지 이집트를 실질적으로 통치했다. 그는 다른 무슬림 지도자와는 달리 시종일관 유럽에 흔쾌히 문호를 개방했다. 그러나 나폴레옹이 그랬듯 그의 천재성도 두 얼굴을 하고 있었다.

카이로에서 권력을 확고히 굳히고 알렉산드리아를 다시 국제항으로 재건한 지 10년이 지나, 그는 오스만 제국의 '참된 신자'에게 이슬람의 성도(聖都)를 되돌려 준다는 명분으로 메카와 메디나를 점령했다. 하지만 그의 의중에는 이 도시들을 서구식의 아랍 도시로 만들겠다는 속셈이 있었다. 마침내 그의 통치권은 남으로는 아덴에까지, 북으로는 시리아를 지나 동지중해 전역에까지 미치게 되었다. 아랍 세계에서는 이례적으로 그는 해상력을 중시해 이슬람 최초로 강력한 해군력을 길러냈다. 그는 1820년대 초 누비아와 수단에서 거둔 승리를 발판으로 아프리카의 노예 무역을 독점했다. 노예 무역은 50년 동안 이어졌다. 동시에 그는 유럽, 특히 프랑스와의 우호 정책을 야심적으로 추진했다. 서구의 전문 기술을 도입하면 이집트를 근대화시킬 수 있으리라는 생각 때문이었다. 무하마드 알리의 치세 기간 동안 이집트는 석기 시대에서 계몽주의 시대로 탈바꿈했다.

 무하마드 알리의 지배력에는 모순되는 점이 있었다. 그는 밑바닥에서부터 시작해 출세한 인물로 중년에 이르도록 문자를 깨치지 못했지만 열일곱 명의 아들(그는 열셋만을 자기 자식으로 인정했다) 가운데 막내를 파리에 유학 보내 교육을 받도록 했다. 그가 아들에게 보낸 다음의 편지에서 교육에 대한 그의 기대를 엿볼 수 있다. "너는 철이 들어 가면서 내가 맨손으로 이룬 위대한 과업을 알아갈 것이다. 내 아들아, 너는 빛의 도시, 예술과 과학이 영글어 있는 도시를 지배할 수 있을 것이다. 무수한 영웅들이 이끌어 가는 도시, 동시에 무수한 영웅들을 탄생시키는 도시를 말이다."

무하마드 알리

무하마드 알리는 아랫사람에게는 모질게 대했지만—그는 꾸짖을 때도 열등한 이집트의 "돼지 같은 자식"과 투르크의 "당나귀"를 구별했다. 그는 흔히 목을 벤다, 말뚝에 박아 놓는다, 매질한다. 생매장시킨다 또는 나일 강에 처넣는다, 수염이나 머리털을

3장 계몽된 야만인 47

뽑아 버리겠다는 식으로 위협했다—외국의 여행객들은 한결같이 그가 각별하게 정중히 대해 주었음을 기록하고 있다. 그가 유독 프랑스 사람에게 호의를 보인 것은 사실이지만 그렇다고 다른 나라 사람들을 박대한 것은 아니었다. 이집트의 역사가 그에게는 별 의미가 없었는지도 모른다. 그러나 그는 이집트의 과거에 매혹된 유럽을 이집트를 근대화시키는 데 한껏 이용했다. 그는 피라미드에 대해 연구하러 온 어떤 미국인 공학자를 부추겨 댐과 다리를 놓도록 했다. 또 어떤 이탈리아 지리학자에게는 초석을 캐어 화약을 제조하도록 위탁했다. 유물을 찾아온 어떤 영국인 사업가를 설탕 공장과 럼주 제조장을 세우도록 나일 강에 파견하기도 했다.

그러나 무하마드 알리의 국제적인 계략 중 가장 큰 성공을 거둔 것은 적시에 프랑스와 우호 관계를 도모했다는 사실이다. 베르나르디노 드로베티와 같은 몇몇 인사들은 이집트에 머물면서 자유직에 종사했다. 1815년 나폴레옹이 워털루 전투에서 패해 프랑스 군대가 해산되었어도, 군인들 다수가 이집트로 돌아가 군사 고문으로 일을 했고 이집트의 관료제를 정비하는 데 기여했다.

18세기 유럽의 계몽주의—미국을 탄생시키고, 2백 년에 걸친 민주적 격변을 통해 프랑스와 러시아의 군주제를 타파했던 사회적, 과학적 휴머니즘—가 배출한 이런 사람들이 거칠 것 없는 무슬림 독재자의 처분에 운명을 맡겼다는 사실은 참으로 역설적이다.

19세기의 이런 이집트 애호가들 가운데에는 시계 제조공의 아들이었던 프레데릭 카이요가 있었다. 그는 1816년에 베르나르디노 드로베티와 첫 번째 나일 강 탐험에 나섰다. 드로베티는 이 젊은 프랑스인을 무덤 도굴업의 잠재적인 경쟁자로 여겨 못 미더워 했지만 마지못해 받아들였다. 그러나 드로베티는 카이요의 백과사전적 지식과 열의에 감화를 받고 말았다. 카이로에 귀환하자 영사 드로베티는 그를 부왕 무하마드 알리에게 알현시켰다. 카이요를 소개받은 무하마드 알리는 부친에게서 전수받은 그의 보석 세공술을 인정해 왕실 광물학자로 임명한 후 홍해 인근의 에메랄드 광산을 탐사하게 했다. 고대 그리스인들이 이집트의 에메랄드 광산에 대해 쓴 바가 있지만 카이요가 이것들을 다시 발굴할 때까지 에메랄드 광산은 2천 년 동안 잊혀져 있었다. 모험심이 강했던 이 학자는 최초로 채굴한 에메랄드 4.5킬로그램을 무하마드 알리에게 바쳤으나 그는 가공되지 않은 원석이 무슨 가치가 있는지 몰랐다. 카이요는 세공과 연마 과정을 거쳐야만 보석이 된다고 설명해야 했고, 이 공로로 그는 부왕의 인정을 받게 되어 이후 6년간 관의 인가 아래 이집트 방방곡곡을 여행했다.

20년 전 나폴레옹이 이끌었던 학술단의 계몽주의적 전통에 따라 카이요는 1821년 누비아와 수단 정복에 나선 이집트 군인들을 따라나섰다. 이 군대는 투티 섬 남쪽의 백나일 강을 횡단하는 데만 군인 30명과 낙타 150마리를 희생해 가면서 사흘을 소요할 정도로 대규모 정벌군이었다. 금광 탐사를 위탁받은 카이요는 청나일 강을 거슬러 650킬로미터를 답사했는데 고대 이집트인들이 노예를 찾아 남으로 거슬러 올라갔던 이래로 이집트 배로는 최초의 항해였다.

카이요는 이집트 인근까지 긴 행렬을 이루고 있는 원숭이, 하이에나, 코끼리 등을 목격했고, 또 세나르 근처의 청나일 강 좌우로 몰려 있는 기린들도 보았다. 그는 배 주변에서 불안한 듯 소리지르며 민첩하게 헤엄치는 하마에 대해 묘사하기도 했다. 하지만 무하마드 알리가 승리를 거둔 후 3년 동안 이 지역의 야생 동물은 모두 쫓겨나 결국 1824년 자라파는 이곳에서 남동쪽으로 3백 킬로미터나 떨어진 오지에서 잡아와야만 했다.

카이요는 항해 중 강을 따라 들려오는 낯선 소리를 들었다. "우리가 접근을 해도 이 기이한 소리는 멈추지 않았다"는 것이다. 바로 악어가 부화하는 소리였다. 그의 동료들은 다 자란 악어의 위용에 질겁했다. 악어는 어린아이를 잡아먹는다고 알려져 있었다. 카이요는 배에서 내려 악어 새끼의 부화를 도와주며 놈들을 관찰했는데 그는 보석을 세공하던 솜씨를 발휘해 새끼들이 알 크기의 갑절에 달하는 몸을 어떻게 펼치는지, 또 울음소리는 어떻게 내는지 세밀히 그려냈다. 그는 한편으로는 호기심에서 또 한편으로는 자연을 구제한다는 계몽주의의 기치 아래 새끼 한 마리를 배로 데려와 길러 보려 했으나 실패하고 말았다.

청나일 강은 에티오피아의 구릉들을 사이에 두고 꺾여 흐르는데 골짜기가 650킬로미터나 이어진 이곳은 배로 항해할 수가 없다. 카이요는 이곳을 통과하면서 군인들이 겪었던 어려움을 알렉산드리아의 드로베티에게 다음과 같이 토로했다. "세나르 왕국 너머 밀림으로 뒤덮인 산악 지대를 배로 항해해 북위 10도까지 이른 사람은 나밖에 없을 겁니다. 급류 때문에 우리는 하루에도 예닐곱 차례 이상 강을 건너야 했고, 맹수의 위협에 떨어야 했습니다. 또 우리를 포위하고 있는 수많은 적들이 밤낮을 가리지 않고 습격해 와 도무지 잠시도 쉴 틈이 없군요."

드로베티 같은 이름난 밀매업자나 카이요 같은 용감한 학자들 덕택에 무하마드 알리가 다스렸던 이집트는 유럽 대중들의 관심을 끌었다. 이런 사람들 중에서 가장 이채롭고 재능이 많았던 사람이 '육군 대령' 세브였다.

매사를 제멋대로 굴었던 옥타브 조셉 앙틀렘 세브의 부모는 도무지 그를 감당할 수가 없어 1798년 열 살 난 그를 프랑스 해군의 선실 보이로 맡겨 버렸다. 그는 열일곱 살 때 트라팔가 해전에서 영국군과 맞서 싸우다 도끼에 찍혀 심한 부상을 입었다. 그로부터 2년 후에 "무절제한 생활로 나날을 보내던" 세브는 해군에서 쫓겨나 육군에 입대했다. 그는 첫 달에 상등병으로 진급했다. 세브는 1809년 나폴레옹의 2차 오스트리아 침공 당시 헝가리에서 포로로 잡혀 2년 동안 감옥 생활을 했다. 그는 프랑스로 송환되어 종군 용사회 소속으로 참전해 끊이지 않는 부상에도 굴하지 않고 나폴레옹 전쟁에서 혁혁한 공훈을 세워 진급을 거듭했다. 1814년 레지옹 도뇌르 훈장을 수상한 세브는 기병대 중위로 진급했다.

워털루 전투에서 승리한 영국이 프랑스의 왕정 복고를 보장한 후 나폴레옹의 군대에 일반 사면령을 내리자 세브는 대위로 전역

옥타브 조셉 앙틀렘 세브

했다. 일화에 따르면 그는 그 후 나폴레옹의 명장이었던 미셸 네이를 감옥에서 구출할 계획에 가담했다고 한다. 작전은 실패로 끝났고 세브는 이집트로 탈출했다. 그는 이집트에서도 승승장구해 1819년에는 대령으로 승진했고 무하마드 알리는 그를 등용해 나일 강 상류와 홍해 사이의 구릉에서 석탄을 발굴하도록 했다. 세브는 별 성과 없이 카이로로 돌아왔지만 마침 이 때는 무하마드 알리가 성도 메카와 메디나를 정복한 승전 기념식으로 온 도시가 들떠 있을 때였다. 다음 정복 대상으로 누비아와 수단에 눈독을

들이고 있던 부왕은 세브를 아스완으로 보내 프랑스 고문단과 함께 군대를 조직해 훈련을 시키도록 했다.

처음에 무슬림 병사들은 세브를 외국인 이교도라는 이유로 신뢰하지 않았다. 50년 후 수에즈 운하를 건설했던 페르디낭의 형 테오도르 드 레셉스는 훈련병들이 사격 연습을 할 때 세브를 겨누었다고 술회했다. "그가 '발사' 명령을 내릴 때면 그의 주위로 총알들이 날아가는 소리를 들을 수 있었다"는 것이다. 사격 훈련이 어느 정도 성과를 거두었는지 급기야는 총알이 세브가 타고 있던 말을 명중시키기도 했다. 그러나 세브는 위기를 극복하고 살아 남았다. 나일 강 상류를 정복하고 자라파를 사로잡은 사냥꾼들을 호송한 것은 바로 그가 훈련시킨 군인들이었다. 수단으로 끌려온 수만 명의 노예들이 세브가 이끄는 부대에 입대했고, 이들은 자라파가 마르세유에서 파리로 여행했던 1827년 봄과 여름, 그리스와의 전쟁에서 승리를 거두었다.

무하마드 알리는 탐험가들, 사업가들, 심지어 기독교 선교사들에게까지 조언을 요청해 그들의 두뇌를 빌렸고, 이집트의 문호를 세계에 개방했다. 그는 자기 자식을 포함해 수천 명의 학생들을 유럽에 유학 보냈고, 서구 문물을 배우도록 학자들과 전문가를 파견했다. 수세기 전에 성전을 치르고 귀환한 십자군 병사들이 유럽인의 마음을 열어 놓았던 것과 같이 이 무슬림들은 현실적인 문물을 받아들였고 유럽의 계몽주의 철학을 이슬람 세계에 소개했다.

부왕은 프랑스의 군사 고문과 장교를 기용한 데 그치지 않고 교육자, 과학자, 경영인을 비롯해 모든 분야의 전문가를 기용했다. 근대 국가의 군사력은 행정적, 경제적 토대 없이는 갖추어질 수 없다고 생각했던 것이다. 그는 은행가와 재무관으로 하여금 당시 국제 무역의 중심어였던 이탈리아어를 배우도록 했다. 외교술은 프랑스에서 배워 왔다. 무하마드 알리는 알바니아어, 그리스어, 터키어로밖에는 말하지 못했으므로 늘 서기단의 도움을 받아야 했다. 그들은 무하마드 알리가 한 말을 아랍어로 옮겨 적었다. 그의 유럽어 통역관이자 평생을 벗으로 지냈던 아르메니아 사람 유수프 보고스는 외무부 장관으로 임명되기 이전부터 이집트의 2인자로 군림해 왔다. 보고스는 그 막강한 권력에도 불구하고 사심 없는 겸양을 갖춘 사람이어서 무하마드 알리가 세계적인 인물로 대두할 때까지 변함없이 그를 보좌했다.

그는 전함 세 척의 건조 과정을 감독하도록 마르세유에 파견된 프랑스 기술자에게 다음과 같은 편지를 썼다. "귀하가 유럽에 체류해 있는 동안 작업에 대한 모든 정보와, 산업, 무역, 제조업, 과학 등 무엇이든지 이집트에 유용한 새로운 기술을 수집해 오도록 하시오. 당부컨대 귀하는 폐하의 취지를 한층 더 열심히 받들어야 할 것이오. …… 이는 폐하가 다스리는 아름다운 나라의 재건과 문명화를 위한 것임을 명심하기 바라오."

무하마드 알리는 자신이 다스리는 아름다운 나라의 재건과 문명화를 위해 가혹한 조세 정책을 폈고, 노예 무역을 자행했다. 그

무하마드 알리

는 이집트인뿐만 아니라 수단 노예도 강제로 징집해 군대를 키워 나갔다. 부왕이 고용한 유럽인 고문관들은 훈련장의 비참한 환경에 대경실색했다. 군복도 지급받지 못한 훈련병들은 하루에 열두 명에서 열여덟 명씩이나 죽어 나갔다. 젊은이들은 강제 징집을 피하기 위해 검지를 잘라 아낙네들이나 하는 동네 허드렛일에 종사했다(1850년 나일 강 상류를 여행했던 프랑스 소설가 귀스타브 플로베르는 펠러커선의 선원 열네 명 중 열한 명이 오른손 검지가 없다고 전한 바 있다).

무하마드 알리의 이중성은 다음과 같은 일화에서도 잘 알 수 있다. 그는 아들 하나로 하여금 수단을 정복하게 했는데 그가 부족민들에게 가혹한 과세 정책을 실시하자 "너그럽고 공평무사하게 처신하여 신뢰를 얻어야 한다. 그들과 불화가 있어서는 안 된다. 우리에게 필요한 것은 돈이 아니라 노예다" 하고 질책했다.

1823년 무하마드 알리가 나일 강 상류를 정복하기 전에는 매년 5천 명의 포로들이 센디에 있는 노예 시장에서 나일 강을 따라 홍해의 수아킨 항으로 이송되었다. 정복 기간 중에는 5만 명의 원주민이 학살되었고 생존자 3만 명도 노예로 잡혔다. 포로의 대략 절반만이 살아서 카이로에 도착할 수 있었다. 굶주림과 추위와 질병을 이겨낼 수 없었던 것이다.

그런데도 그 후 50년 이상에 걸쳐 부왕과 그의 후계자들은 노예 무역을 확대해 매년 5만 명의 남자, 여자, 어린아이들을 팔아넘겼다. 수단에서는 1평방 킬로미터 당 한 명이 포로로 끌려가 그 수가 2백만 명을 넘어섰다. 노동력이 있는 주민들이 모두 잡혀갔으므로 어린아이나 노인, 병자만이 남은 마을은 황폐화되어 갔다.

자신의 생일조차 몰랐던 무하마드 알리는 노예에게 무자비했던 것처럼, 고대 이집트의 유물에 대해서도 무관심했다. 그는 이 유물을 '고대의 쓰레기' 정도로 치부했다. 이집트인들 대다수의 생각도 마찬가지였다. 도굴꾼들이 파라오의 무덤을 파헤쳤고, 스핑크스는 맘루크의 사격 연습 과녁이 되어 코를 잃었다. 농부와 가축들은 고대 신전과 무덤을 거주지로 삼았다. 고대의 유물들이 잡석 취급을 당했던 것이다. 기념비는 파헤쳐지고 잘게 부수어져 자갈로 쓰였다. 미라는 땅 위에 대량으로 방치되었고 그 뼈가 연장 대용으로 이용되기도 했다.

무하마드 알리에게 상형 문자의 해독은 아무런 중요성이 없었다. 그에게 이집트학은 유럽의 관심을 끄는 중요 홍보 수단에 지나지 않았다. 자라파가 파리에 도착해 프랑스에 일대 사건을 일으켰던 이듬해인 1828년, 샤를 10세가 보냈던 이집트 탐험대 중에는 샹폴리옹이라는 인물이 있었다. 샹폴리옹은 고대 이집트 유적지가 파괴된 데 한탄하면서 부왕의 마음을 움직이고자 편지를 썼다. 고대 유물을 보존하면 여행객들이 이집트에서 엄청난 돈을 쓰게 되리라는 내용의 이 편지는 이집트학에 대한 샹폴리옹의 두 번째로 위대한 기여가 되었다. 드로베티와 다른 수집가들이 축적한 거대한 재산과 함께 샹폴리옹의 간언은 무하마드 알리를 설득해 1838년 이집트 유물의 발굴과 거래, 수출을 통제하는 첫 법안을 통과시키게끔 했던 것이다.

4
이집트 약탈

 아스완 하이 댐이 준공됨으로써 생긴 이집트의 나세르 호는 남으로 수단까지 뻗어 있는데 그 길이가 무려 5백 킬로미터에 달한다. 그 호수 바닥에는 엄청난 규모의 고대 유적지가 수몰되어 있다. 원래 그곳에 있던 유물들은 다행히도 1970년대에 해체되어 지상으로 이전되었다. 나일 강을 따라 형성된 45개 마을도 자라파가 이집트로 입국했던 두 번째 폭포와 함께 수몰되었다.
 나세르 호가 생김으로 해서 사하라 사막 밑을 흐르는 지하수의 수면이 높아졌는데 이 때문에 사막에는 멀리 알제리까지 생명이 찾아들게 되었다. 그렇지만 이런 긍정적인 파급 효과에도 불구하고 댐 자체가 이집트의 고대 유적지에 끼친 영향은 보통 심각한 것이 아니다. 지하 수면이 높아짐에 따라 수천 년을 묵묵히 견뎌 온 돌에 소금이 엉겨붙었다. 소금이 만들어 낸 거품은 터지면서 벽화와 조각품 표면을 얇게 벗겨내고, 바람이 불어오면 얇게 벗겨진 표면은 허공으로 사라진다. 이집트 학자들은 앞으로 2백 년―

1798년 나폴레옹의 이집트 원정으로 시작된 이집트학이 진행되어 온 기간과 같다—안으로 박물관 밖에 있는 고대 이집트 유물이 모두 사라질 것으로 추정하고 있다.

상형 문자가 해독되자 온 유럽은 열광했고 이 열광 속에서 이집트학에 관한 자료를 전시한 최초의 박물관이 개관했다. 고대 유물을 20년 이상이나 불법 거래해 왔던 베르나르디노 드로베티의 도굴품들이 갑작스레 정부 소장품으로 각광을 받았다. 그는 돈방석에 앉았을 뿐만 아니라 과학자들이나 국왕들의 칭송을 받았다. 그러나 자신의 도둑질이 고대 이집트 유물을 후대에까지 안전하게 보관할 수 있는 길을 열었음은 그도 미처 몰랐을 것이다.

드로베티는 토리노 인근에 있는 피에몬테에서 태어났다. 스무 살이 되자 그는 의용군에 참여했다. 이 의용군은 25세의 나폴레옹이 오스트리아의 합스부르크 왕국으로부터 이탈리아 북부를 독립시킴으로써 만들어진 의용군이었다. 드로베티는 전쟁에서 입은 부상 때문에 한쪽 손을 쓰지 못했으나 모험 정신은 꺾이지 않았다. 1802년 그는 프랑스의 부영사—그가 참전했던 부대의 옛 상관이 그를 고용했는데 그는 외국 교역 담당관으로 근무했다—로 임명되어 알렉산드리아에 도착했다. 이곳에서 그는 자신이 귀화한 프랑스를 위해 일한 결과 국가적인 영예를 얻었을 뿐만 아니라 처세술도 좋아 엄청난 거부가 되었다. 무하마드 알리가 부왕으로 임명된 이듬해인 1806년 드로베티는 소시적 친구였던 마티유 드 레셉스(그의 아들 페르디낭 역시 수에즈 운하가 건설되기 직전에 총영사에 임명되었다)의 뒤를 이어 총영사로 승진했다.

베르나르디노 드로베티

드로베티는 1814년 나폴레옹의 실권으로 군주제가 부활되어 관직을 잃기는 했어도 알렉산드리아에 남아 무하마드 알리의 협력자이자 고문으로 이집트의 국제 교역(더불어 분묘 도굴도)을 훌륭히 이끌었다. 그는 1821년 총영사직에 재임명되어 '기독교국 황제 폐하의 나일 강 총영사'라는 다소 장황한 관직에 임명되었던 1829년까지 복무했다.

드로베티에게 이집트의 과거는 그야말로 노다지나 다름없었다. 그는 무덤에서 파낸 도굴품을 전 유럽의 부유한 여행객들과 수집가들에게 팔아 넘겼다. 외교관직은 골동품상으로서 그의 전도를 보장해 주었고, 또 그가 한 일 덕분에 미라가 전시되지 않은 유물 전시관은 전시관 취급도 받지 못했다.

유물 전시관은 계몽주의가 낳은 산물이었다. 당시 유럽이나 미국의 식자와 부유한 엘리트들 사이에서는 자신들의 상상력을 자극하는 것이라면 무엇이든 수집하는 것이 유행이었다. 더불어 유럽의 귀족들은 외국의 동물로 동물원을 채워 나갔다. 의사와 수의사들은 기형으로 난 태아나 동물을 보관했다.

이런 개인 유물 전시관이나 전문 분야의 전시관, 개인 동물원들은 중요한 업종으로 자리를 잡았다. 사람들은 유물을 수집함으로써 기쁨을 만끽했고 방문객들은 감동을 받았다. 심지어 허풍이나 허황된 빈말이라도 이들이 말하면 무언가 진리를 표명하는 것으로 받아들여졌다. 진리는 궁극적으로 민주주의적이어서 문외한이라도 근면하게 추구하면 얻을 수 있는 것으로 생각되었다. 과학도 포름알데히드에 표본을 보관하거나 뇌우 속에서 연을 띄우는 일처럼 단순한 것이었다.

유물 전시관은 계몽주의의 이상이란 인간의 정신이 어떤 것을 면밀히 연구해서 이를 과학으로 발전시키는 것이라는 생각으로 이어졌다. 극히 사소한 것이라도 결국에는 신비에 싸인 세계를 해명하는 단서가 될 수 있다는 것이었다. 이런 개인 수집품들 중 일부는 개인적인 취향을 만족시키는 수준을 넘어서 공공 박물관으로까지 발전했다.

이런 수집품과 동물들 덕택에 수지맞는 신종 국제 교역이 발전했는데 드로베티는 단연 그 앞자리를 차지했다. 무하마드 알리가 통치하던 이집트에서 이 업종을 개척했고, 그리고 가장 오랫동안 이 업종에 종사했던 드로베티는 부왕에서 아프리카 오지의 추장, 모험가와 일꾼들, 그리고 자신의 경쟁 상대로 대두할지도 모르는 다른 중개업자로 이어지는 거래선을 구축했다.

무하마드 알리처럼 드로베티에게도 사람을 끄는 카리스마가 있었다. 고질적인 멀미 때문에 좀체 여행을 하지 않았던 이 교양 있는 약탈자에게 동료나 전 세계에 퍼져 있는 그의 고객들은 깍듯이 경의를 표했다. 카이요와 세브는 드로베티가 이집트에서 보여준 호의 덕분에 세계적인 인물이 될 수 있었다. 반면 드로베티의 지원을 받지 못했던 사람들은 무명으로 잊혀져 갔다.

드로베티가 알렉산드리아에 체류했던 27년 동안 여행객들은 이 기품 있는 프랑스 사람이 보여준 관대함에 감동을 받았다. 그는 자신의 가치를 높이는 데 천부적으로 재능이 있었다. 샤토브리앙의 표현대로 "조국을 위해 싸우다 불구가 된" 손으로 사인을 하는 드로베티의 모습에 감동을 받지 않은 자가 없었다. 드로베티가 총영사로 임명된 지 얼마 지나지 않았던 1806년, 이 유명한 작가는 예루살렘에서 프랑스로 귀환하던 중―그는 신부의 요구로 신혼 여행 겸 성지 순례를 다녀오는 길이었다―역풍을 만나 알렉산드리아에서 열흘간 체류하게 되었다. 샤토브리앙은 "세계에서 가장 적적하고 서글픈" 고대의 항구 도시에서 보았던 드로베티를 즐거이 추억한다며 다음과 같이 썼다. "드로베티 선생은 자택의 지붕 위에 널찍한 새장을 지어 메추라기, 자고, 엽조 등을 기르고 있었다. 나와 선생은 담소를 나누며 이 새장 안을 몇 시간이고 거

중개업자들과 함께한 드로베티

닐었다."

　드로베티는 관직에서 물러나 있던 7년 동안에도 이집트에 체류해 있으면서 유럽인들에게 유물 밀매를 알선했다. 나폴레옹의 이집트 원정에 참여했던 마르세유 세관장은 드로베티의 고객이 되어 "카이요 씨는 이집트 벽지에서는 아직도 동물의 미라를 쉽게 구할 수 있다는 말을 했다. 덕분에 나는 그것들을 수집할 수 있었다. 하지만 내 소장품은 아직도 변변치 않아 여자 미라 한 구와 고양이 미라, 도마뱀 미라 하나씩에 지나지 않는다"는 말을 했다. 얼마 지나지 않아 그는 미라가 된 황소 한 마리와 무엇보다 귀중했던 "원숭이 미라, 뱀과 고대인이 먹던 빵 한 조각"을 구할 수 있었던 데 대해 드로베티에게 고마움을 표시하고 있다.

드로베티는 미라를 비롯한 진기한 물건들을 조달하는 한편으로 그 유명한 세 가지 컬렉션을 1824년부터 팔아 넘기기 시작했다. 또 그는 아프리카 동물들을 불법으로 거래하기도 했다. 그가 받은 주문 목록에는 나폴레옹의 누이인 나폴리 왕녀 카롤린에게 봄에 전해 주기로 한 "가젤 한 쌍"이 있었고 "조세핀 황후에게도 가능한 한 가젤 한 쌍을 전해줄 것"이라는 기록이 있다. 또 콘스탄티노플 주재 프랑스 대사에게는 타조 깃털을 전해 주었던 바 "부인이 무척이나 기뻐했다"고 기록되어 있다. 또 "동골라산 명마"와 "향이 좋은" 커피와 포도주를 토리노의 이탈리아 왕자에게 조달했다. 왕자는 오릭스 한 마리도 전달받았으나 이송 도중 잘못되었는지 죽어 있어 한 자연사 박물관에 이 종의 첫 번째 표본으로 기증했다.

드로베티는 비엔나에는 아랍산 종마를, 모스크바에는 누비아산 양을, 파리에는 리비아 사막에서 발굴한 조개 껍데기와 화석들을 조달했다. 사보이아 공국의 왕은 코끼리를 구입할 수 있었던 데 대해 드로베티에게 감사의 편지를 보냈다. 이탈리아의 어떤 식물학자는 "이집트산 식물을 구하신다면 제발 저를 기억해 주시길 앙망합니다"는 간곡한 편지를 쓰기도 했다. 또 러시아 왕립 자연사 협회의 어떤 회원은 "곤충을 판매할 의향이 있는 곤충학자를 주선해 줄 수" 없느냐는 문의를 하기도 했다.

자라파가 파리에 도착한 지 5년이 지난 1822년 장 프랑수아 샹폴리옹이 로제타석에 새겨 있던 상형 문자를 해독했다. 그러자 이

장 프랑수아 샹폴리옹

집트에 심취해 있던 사람들은 이집트 학자로 돌변했다. 로제타석은 나폴레옹의 어떤 병사가 이를 발견했던 나일 강 어구의 지명을 따 이름을 붙인 것으로 1801년 영국에 양도되었다. 샹폴리옹은 프랑스가 넘겨받은 밀랍 탁본을 가지고 연구했다. 샹폴리옹은 학생 시절 데농이 남긴 이집트에 관한 기록과 나폴레옹의 이집트 원정대에 학술단으로 참여했던 물리학자이자 정치가인 조셉 푸리에의 유물 전시관에 전시되어 있던 이집트의 문화 유물에 자극을 받았다.

샹폴리옹이 로제타석을 해독해 냄으로써 고대 이집트의 출토품들은 진지한 과학 연구와 거대한 사업의 대상이 되었다. 샹폴리옹은 소용돌이 문양으로 장식된 람세스 2세의 이름을 해독해 냄으로써 셸리가 람세스 2세에 대해 썼던 유명한 시 〈오지만디아스〉를 교정할 수 있었다. "그대 신이시여, 내가 이룬 업적을 보시오. 그대는 절망할지니"라는 시구가 "그대 신이시여, 내가 이룬 업적을 보시오. 사지 않으시려오"로 바뀐 것이다.

들리는 말로는 이 첫 번째 해독을 마친 샹폴리옹은 너무 흥분한 나머지 파리 시내를 단숨에 내달려 형에게 "드디어 해냈어!"라는 말을 한 후 곧바로 기절했다고 한다. 이 일화가 사실이었는지 여부를 떠나 불행한 일이지만 이를 통해 그가 앞으로 10년 이상 더 살지 못하리라는 사실을 직감할 수 있다.

그러나 샹폴리옹이 이루어낸 업적은 경쟁자들이 벌인 술수 때문에 1824년까지도 완전한 형태로 출간되지 못했다. 1823년 드로베티는 프랑스 국왕 루이 18세에게 판매할 목적으로 고대 이집트를 주제로 한 전시회를 개최했다. 이 주제로는 최초의 대규모 전시회였다. 그런데 국왕은 이 유물들의 연대가 신이 인간을 창조한 시기보다 앞서 있다고 하는 것은 신성 모독이라는 성직자의 말을 믿고는 구매를 거절했다. 그러자 사르데냐 왕이 이 전시품을 40만 리라에 구입해 토리노에 처음으로 이집트 박물관을 개관시켰다. 드로베티는 엄청난 돈을 벌었지만 제2의 조국인 프랑스가 그토록 귀중한 유물을 소유할 수 없다는 사실에 낙담했다. 1824년 9월 루이 18세가 서거한 후에도 드로베티는 섭섭한 일을 또 한 번 겪어야 했다. 이집트 주재 영국 영사로 그와는 경쟁 상대였던 헨리 솔트가 개최한 전시회의 유물들을 친영파인 새 국왕 샤를 10세가 구매했던 것이다.

솔트의 전시품을 기초로 루브르 박물관의 이집트 전시실이 개관했고 국왕은 1826년 5월 30일 샹폴리옹을 초대 관장으로 임명했다. 이 때는 자라파가 나일 강을 절반쯤 항해하고 있을 때였다. 그 해 가을 샹폴리옹의 형은 드로베티에게 이집트학은 "내 동생이 비문을 해독한 이래로 엄청난 인기를 끌고 있습니다. 각국의 정부들은 박물관을 세우기에 여념이 없어 파리, 로마, 볼로냐, 피사에 이미 이집트 박물관이 세워졌고, 이집트 고고학 위원회도 구성되었습니다. …… 그렇지만 파리야말로 의심할 여지가 없는 이집트 고고학의 진정한 중심지입니다. 한데 한 가지 유감스러운 점이 있다면 우리 박물관이 자랑할 만한 전시품 중에 선생님의 아름다운 소장품이 없다는 점입니다"는 편지를 썼다.

샹폴리옹은 계몽주의 정신을 맹렬한 학습을 통해 체득하려 했던 사람으로 상형 문자를 해독하기 위해 어린 시절부터 그리스어와 고대 이집트어인 데모치크어, 콥트어 등을 학습했다. 이 결과 이집트를 한 번도 방문한 적이 없음에도 샹폴리옹은 이 언어들을 비교 연구함으로써 로제타석을 해독해 낼 수 있었다. 샹폴리옹은 이내 유명 인사가 되었고 오랫동안 꿈꿔온 이집트 탐험을 주선해 주십사 하고 드로베티에게 간곡히 부탁했다. "이집트 여행을 위한 준비와 여행 중 겪을 일에 대해 조언해 주실 수 있는 분은 오직 선생님밖에 없습니다. 이집트에 대해서나 여행 중 부딪힐 어려움에 대해 선생님만큼 박식하신 분은 없습니다. …… 선생님의 허락이 떨어진다면 저는 즉시 출발하겠습니다." 수천 년 동안 망각되어 온 고대 이집트 이야기를 읽을 수 있는 유일한 사람인 샹폴리옹이 나일 강을 따라 여행하던 도중 알렉산드리아에 있던 드로베티에게 보낸 편지에서도 드로베티에 대한 세평을 잘 알 수 있다. "드로베티 선생님, 우리는 고대인이 남긴 맛있는 술을 들며 고인들의 안녕을 빌곤 합니다. 다 선생님 덕분이지요."

5
부왕의 선물

로마의 몰락과 뒤이어 일어난 야만족들의 침략 이후에 그리스 문명은 사실상 소멸했다. 오스만 투르크 제국이 15세기 이 지역을 정복했을 때에는 그리스어와 유물들을 빼고는 그리스 문화라고 할 만한 것이 전혀 남아 있지 않았다. 그런데 18세기의 계몽주의와 미국과 프랑스에서 발발한 혁명에 자극받은 소수의 그리스 작가들—일반 대중들과는 상관없이—이 그리스의 옛 영화를 되찾겠다는 운동을 벌였다. 그들이 일으킨 새로운 문화 민족주의는 1821년 그리스 독립 전쟁으로 이어졌다.

그리스 독립 전쟁이 시작된 그 해에 술탄은 무하마드 알리에게 소규모 군대—술탄은 수단 노예들로 이루어진 대규모 이집트 군대가 콘스탄티노플 가까이 주둔하는 것을 우려했다—를 지원해 줄 것을 요청했다. 술탄이 부왕의 도움 없이는 전쟁을 이길 수 없음이 점차 명백해지자 상황은 부왕에게 유리하게 돌아갔다. 지원군을 늦게 보낼수록 궁극적으로 이집트를 독립시키겠다는 무하마드 알리의 계획을 술탄으로서는 저지하기가 힘들었다.

　1824년 마침내 부왕은 그리스 침공을 명령했다. 그런데 술탄의 최고 사령관은 무하마드 알리가 파병한 지원군 3만 명이 반란을 진압하기에는 너무 많은 병력이라고 불만을 표시했다. 이집트군은 알리의 아들이 지휘했고 세브가 참모장을 맡았다. 그들은 1825년 3월 작전을 개시해 영국 용병이 이끄는 그리스군을 단숨에 격파했다.

　세브를 이집트로 귀환시킬 필요가 있었던 부왕은 대신 나폴레옹 군대의 장군 출신으로 이집트군의 훈련을 맡아 군사력을 키워왔던 피에르 프랑수아 자비에르 브와예를 파견했다. 브와예는 나폴레옹의 이집트 원정에 참여했던 경력이 있었는데 무하마드 알리가 젊은 시절 아랍 용병으로 참전해 맞서 싸운 적이 있는 동방 종군 용사회 소속이었다.

　오래 전부터 계몽주의적 이상을 표방하고 있었던 브와예는 "공화국의 원수 보나파르트는 때와 장소를 가리지 않고 그를 따르는 나를 알아볼 것이다. 그러나 그가 카이사르가 되겠다는 흑심을 품는다면 나 또한 부르투스가 되어 그의 심장에 칼을 꽂고야 말겠다"고 공언해 왔다. 그로부터 이십 년이 흘러 브와예는 이제는 몰락한 프랑스 공화국의 다른 옛 시민들처럼 용병이 되었다.

　훗날 개선문에 프랑스 영웅으로 그 이름을 남긴 남작 브와예는 병사들의 적대감을 극복하고 성공적으로 그들을 훈련시킨 세브를 "부왕의 군대가 강성해질 수 있었던 것은 그의 인내 덕분이었다"고 평하며 존경심을 표했지만, 세브의 참모진들에게는 "유럽의 교관들은…… 예외 없이 도망병들로 이루어진 오합지졸들로, 인격이 결여되어 있고 신념도 없으며 도통 명예를 모르는 무법자들이다"며 혐오감을 표시했다.

공식적으로는 민간인이었던 브와예는 부왕의 그리스 공격을 중단시키려 했던 프랑스 정부 부처의 각료들에게 간접적으로 정보를 제공했다. 각료들은 브와예를 통해 만일 무하마드 알리가 작전을 바꿔 투르크를 상대로 독립 전쟁을 수행한다면 프랑스는 그를 지원해 줄 것이라는 암시를 했다(그러나 15년 후 실제로 독립 전쟁이 일어나자 프랑스는 지원 요청에 응하지 않았다). 드로베티가 브와예의 이중적인 책략을 간파했는지는 분명치 않지만 아무튼 그는 "프랑스의 계획을 달성하려는 목적보다 돈을 벌려는 데 더 혈안이 되어 있다"며 브와예를 비난했다.

브와예는 드로베티가 부왕의 절친한 벗으로 부왕이 가장 신임하는 사람임을 알고 있었지만 끝내 그의 도움을 받지 못했다. 그는 10년 계약을 했지만, 드로베티의 표현대로 "별 어려움 없이" 2년만에 계약이 파기되어 자라파를 알렉산드리아에서 마르세유까지 실어 날랐던 배를 타고 1826년 9월 프랑스로 귀환했다.

그리스 독립 운동 초기 프랑스 신문들은 투르크군이 "손에는 소총을 들고 입에는 칼을 문 용맹한 애국자들"에게 패배했음을 경사스러운 어조로 보도했다. 그러나 이 초기의 승리는 4년 후 이

샤를 10세

집트군의 참전으로 역전되어 투르크군은 결정적인 승리를 거두었다. 무하마드 알리는 유럽의 공적(共敵)으로 떠올랐다.

프랑스 신문들은 그리스 독립 전쟁은 인권을 쟁취하기 위한 계몽주의적 투쟁이므로 유럽이 개입해야 한다고 논조를 높였다. 아랍의 야만인들이 민주주의의 탄생지를 수호하던 자들에게 자행했던 잔학 행위를 보도한 기사들도 있었다. "투르크군들이 자행한 만행은 끔찍하기 이를 데 없다. 2천 명이 넘는 부녀자와 아이들이 학살되었다." 이 보도들은 십자군을 새로 조직하자는 여론에 불을 지폈다.

1824년 샤를 10세가 프랑스 국왕에 즉위했다. 그 이듬해 초 이집트군이 그리스에서 극적인 승리를 거두자 러시아 황제는 그가 혐오하던 민주주의를 위해서가 아니라 무슬림으로부터 기독교국을 해방시키기 위해 반정부 운동을 지원하겠다고 위협했다. 국가 이익을 최우선 과제로 삼고 있던 영국은 러시아가 이 틈을 타 지중해로 진출할 것을 우려해 프랑스가 개입하지 않는 한 유럽도 개입할 필요가 없다며 반대 의사를 표명했다.

프랑스의 여론에도 불구하고 극단적인 왕당파였던 샤를 10세(여론과는 관계가 원만했지만 결국 언론으로 인해 1830년 폐위되었다)는 어떤 형태의 민주주의도 용납하지 않았다. 1789년 7월 14일 바스티유 감옥이 민중들에게 파괴된 지 사흘 후에 그는 왕가 사람으로는 최초로 프랑스를 떠나 국외로 망명했다. 1793년 샤를 10세의 맏형이자 통치보다는 자물쇠 제조에 더 소질을 보였던 루이 16세가 처형되었고, 1794년에 샤를 10세의 누이도 단두대의 이슬로 사라졌다.

샤를 10세는 19세기 프랑스 사람의 기준으로는 기인 축에 속했다. 그는 프랑스 혁명과 나폴레옹의 통치기 동안 영국의 호의로 안정된 생활을 누렸다. 그는 6년간의 망명 생활을 마친 1795년 포츠머스로 입항했다. 이 망명 귀족을 부두에서 기다리고 있던 사람들은 채권자들이었다. 당황한 영국 정부는 이 손님에게 호의를 베풀어 밤을 틈타 그를 하선시켜 채무자 수용소 신세를 면하게 해주었다.

왕정 복고와 함께 파리 동물원은 다시 왕립 동물원이 되었다. 샤를 10세가 왕위에 즉위하고 얼마 지나지 않아 외무부 장관은 파리의 자연사 박물관을 비롯해 전 세계에 파견된 대사와 영사에게 〈식민지의 관리와 여행객들을 위한 지침서〉라는 제목의 지령을 보내 폐하께서 세계 각국의 동물로 왕립 동물원을 채우려 하신다는 사실을 알렸다. 드로베티는 지체 없이 아프리카산 영양 한 쌍을 선물로 보냈고 왕은 감사의 서신을 보냈다.

은밀하게 동물들을 거래한 경험이 있었던 드로베티의 영사관팀은 이제 공식적으로 무하마드 알리의 선물인 동물들을 프랑스로 수송했다. 중동에 주재하고 있는 영사들은 "프랑스 선박의 소유자나 선장들에게 외국의 동물들을 왕립 동물원으로 수송"시키도록 요구할 수 있었고, "이를 거부할 경우 심한 처벌을 내릴" 권리가 있었다.

이 동물들이 지중해를 항해하는 프랑스 선박에서 보냈던 일들은 더 한층 흥미롭다. 마르세유 기록 보관소에는 무하마드 알리가 예멘에서 잡은 앵무새 한 마리를 고양이과 동물과 함께 선물로 보냈는데 이 앵무새를 "살쾡이"로 오인하여 급조한 고양이 우리에 가두었다는 내용의 문서도 있다. 알렉산드리아에서 출항한 또 다른 배의 선장은 마르세유에 도착하자마자 우리를 빠져나오려고 하는 하이에나를 묶을 사슬을 요구하기도 했다. 지방 관리가 선장에게 보낸 메모 여백에는 "이 사나운 야수"가 위험한 동물이므로 "대중의 안전을 위해서 가능한 모든 조치"를 확실히 취해놓을 것이며, "도망가지 못하도록 잠시도 한눈 팔지 말 것"을 당부하는 글이 적혀 있었다.

드로베티는 새로 즉위한 프랑스 왕의 환심을 사려고 했고, 무하마드 알리 역시 프랑스와 우호 관계를 유지하길 원했다. 이 두 가지 여건이 맞아떨어져 총영사는 프랑스에 기린을 보내자는 아이디어를 낼 수 있었다. 역사적으로 유래가 없었던 이런 엄청난 선물로 드로베티는 왕실의 환심을 살 수 있을 것이었고, 또 그리스 침략으로 부왕이 얻은 공분을 약화시키는 데도 도움을 줄 것으로 기대되었다.

자라파가 태어나기도 전인 1824년 가을, 부왕은 기린을 생포해 오도록 명령했다. 부왕의 지령문은 최근에 완공된 알렉산드리아와 카이로를 연결하는 운하를 거쳐 나일 강 상류를 넘어 하르툼에 있는 노예 수비대에 전달되었다. 이곳까지 지령문이 도달하는 데 꼬박 두 달하고도 엿새가 소요되었다. 우기가 지난 그 해 가을 아랍 사냥꾼들은 세나르를 출발해 남쪽으로 320킬로미터 떨어진 청나일 강에 도착했다. 이곳에서 다시 열흘을 진군한 끝에 그들은 당시 에티오피아 영토(지금은 수단의 영토다)였던 사바나 고지에 도착했다. 12월, 생후 채 두 달도 안 되어서 사람 키에도 못 미쳤던 자라파가 생포되었다. 사냥꾼들은 자라파의 어미도 식량감으로 도살해 낙타 네 마리에 나누어 실었다.

육상 동물 중 눈이 가장 큰 동물이 기린이다. 기린은 이에 걸맞게 시력도 좋기 때문에 1.5킬로미터나 떨어진 곳에서도 서로를 알아볼 수 있고 의사소통도 할 수 있다. 키가 커서 시야를 방해받지 않고 또 청각보다는 시각이 발달했기 때문에 기린은 거의 소리를 내지 않는 위엄 있는 동물로 진화할 수 있었다. 기린은 사바나에 서식하고 있는 어떤 동물보다도 빨리 뛸 수 있다. 때문에 포식자가 1백 미터 이내로 접근해 와도 개의치 않는다. 상형 문자로 남은 기록에 의하면 고대 이집트인은 기린이 위험을 미리 알아챌 수 있다고 믿었기 때문에 "예언"을 할 때 기린의 모습을 이용했다고 한다.

기린은 걸음걸이가 느리고 서툰 데다가 왠지 ˙걷는 모습도 기묘하기 때문에 다 자란 기린이 발길질로 사자를 죽일 수도 있고 말보다도 뜀박질이 빠르다는 사실이 잘 믿기지 않는다. 아랍 사냥꾼들은 말 한 마리가 하루에도 두 차례나 기린들을 쫓을 수 있었다고 전했다. 그러나 사실 다 자란 기린은 말보다 빠르다. 하지만 폐가 그 거대한 몸집을 유지하기에는 너무 작다. 사바나의 커다란 동물들이 대개 그렇듯 기린도 심폐 기능보다는 스피드를 진화시켰다. 아랍인들은 교대해 가며 기린을 추적했을 것이고, 마침내 지쳐 버린 어미 기린은 오금을 접고 칼날을 받았을 것이다. 그렇지만 몸을 제대로 가누지 못하는 기린이라도 죽기로 덤빈다면 날카롭게 벼린 뿔로 사람을 받아 단박에 죽일 수 있고 긴 목이나 머리를 휘둘러 말에게 치명타를 가할 수도 있다.

기린의 몸에 새겨진 점은 흡사 사람의 지문처럼 제각각 다르다. 다 자란 기린의 피부는 두께가 2.5센티미터나 되는데 아카시아 가시도 그 피부를 뚫지 못하므로 사자나 표범, 하이에나나 재칼 따위의 맹수가 습격해올 때는 새끼를 아카시아 나무 사이로 은폐시킨다. 이처럼 기린은 피부가 두껍기 때문에 기린의 가죽은 원주민 전사의 방패나 물통 또는 가죽끈이나 채찍으로 팔려나갔다. 선사 시대부터 사냥감의 상징으로 동굴 벽화에 새겨진 기린은 그 꼬리에 마술적인 힘이 있다고 생각되어 왕실에서는 꼬리를 파리채로 이용해 왔다. 철사처럼 뻣뻣한 털은 부적용 팔찌로 가공되었다. 아직까지도 밀렵꾼들은 관광 상품으로 여행객들에게 기린의 털을 판매하고 있다. 기린의 기다란 정강이뼈는 곤봉으로 사용되거나 피리로 만들어졌다. 기린 고기는 고급 식량으로 팔렸고 다른 상품을 교환하는 데도 이용되었다.

자라파말고도 다른 새끼 기린 한 마리가 생포되었으나 이 놈은 몸이 약했다. 기린 암놈은 14개월의 긴 임신 기간을 거쳐 새끼 한 마리를 낳는데, 서너 마리의 어른 기린이 무리 지어 살고 있는 것을 감안하면 생포된 이 두 마리는 아마 배다른 자매지간이었을 것이다. 이 어린 기린 두 마리는 발굽이 가죽으로 동여매진 채 낙타 등에 실려 북쪽 세나르로 여행을 떠났다. 다른 네 마리의 낙타 등에는 도살된 어미가 실려 있었다.

어미를 잃은 새끼 두 마리에게 서로의 처지는 위로가 되었을 것이다. 그러나 이들은 너무 어려 수유가 필요했다. 사냥꾼들은 경험상 젖을 뗀 크고 강한 기린은 도망치려고 하다가 불구가 되거나 굶어 죽고 만다는 사실을 알고 있었다. 아주 어린 놈을 제외하고는 길들여지지 않은 기린은 살아갈 수가 없다. 심지어 아주 어린 놈이라도 공포감 때문에 위험한 처지에 빠지는 일이 흔히 일어난다. 그러나 통제할 수 있는 어린 놈이 수일 동안 아무런 위험도 겪지 않고 먹이를 제대로 공급받기만 한다면 어미로부터 떼어 사람이 키울 수 있다.

생포되던 당일부터 낙타 등에 실려 운반되다가 펠러커선을 갈아타고 항해를 한 후 다시 범선으로 대양을 건너 급기야 자신의 네 발로 파리에 입성했던 자라파가 생존할 수 있었던 데에는 놈의 몸집이 한몫을 했다. 자라파는 다른 기린만큼 크게 자라지 못했다. 자라파는 마사이종으로 이 종은 기린의 세 종 중 몸집이 가장 작고 몸에 박힌 점이 옅다. 로스차일드종은 몸집이 중간 크기이고, 그물 모양의 점이 뚜렷하게 박힌 그물무늬종은 몸집이 크다. 갓 태어난 기린의 키는 1.2미터에서 1.8미터 정도인데 자라는 속도가 더디며 어른이 되면 키가 새끼의 세 배 정도가 된다. 그물무늬 기린 암놈은 키가 5.5미터에서 6미터에 이르고 몸무게도 1.3톤이나 나간다. 하지만 자라파는 다 자랐어도 평균적인 마사이 기린보다도 작은 3.6미터에 지나지 않아 다루기가 쉬웠다.

포악한 부왕의 자산이 된 이 어린 기린 두 마리에 사육사의 목숨이 달려 있었다. 그들은 처음에는 기린에게 낙타 젖을 먹여 위험한 고비를 넘겼고 이후에는 우유를 먹였다. 기린에게는 매일 우유 95리터씩이 공급되었다.

이렇게 지옥 같은 세나르와 하르툼에서부터 사람과 유대를 맺은 어린 기린은 애완 동물로 길들여졌는데 이 때문인지 놈은 평생 동안 마주친 관람객들에게 얌전하게 굴었다. 사실 기린은 세나르나 하르툼에서조차도 흔히 볼 수 있는 동물이 아니었다. 물정에 어두운 프랑스의 시골 사람들이나 세정에 밝은 파리 시민들 모두 머나먼 이국에서 온 이 진기한 동물을 보기 위해 몰려들었다. 자라파는 사람을 매혹시켰다. 그만치 사람을 따르고 나긋하게 굴었던 것이다.

6
나일 강 항해

세나르에서 이송되어 온 어린 기린 두 마리는 "검은 상아"라 불리며 비참한 나날을 보내던 노예들과 함께 펠러커선에 실려 청나일 강을 따라 하르툼으로 항해했다. 그렇지만 이내 떠난 노예들과 달리 어린 기린들은 수비대와 함께 남아 나일 강 여행을 무난히 견딜 수 있도록 체력을 키워 나갔다.

부왕은 하르툼에서 온 전갈을 받고 흡족해 했다. 기린 한 마리는 우호국 프랑스에 보내 자신의 호의를 과시할 수 있을 테고 나머지 한 마리로는 영국의 환심을 살 수 있을 것이었다. 게다가 드로베티와 마부 하산이 기린 두 마리가 살아 남는 데 필요한 조언을 해줄 것이었다. 하산은 유목 생활을 청산하고 사냥꾼으로 직업을 바꾼 이주 아랍인이었다. 이제 그는 드로베티가 고용한 전문 사육사가 되어 기린을 소유할 수 있게 된 프랑스와 또 신이 보호하신다면 마찬가지로 기린 한 마리를 갖게 될 영국으로부터 치하를 받게 될 처지가 되었다.

무하마드 알리는 전에도 기린 수송을 명령한 적이 있었다. 하산은 드로베티를 도와 동물 판매를 담당하기 이전인 1823년에도 어린 기린을 따라 나선 적이 있었다. 그 해 누비아와 수단을 정복한 무하마드 알리가 오스만 제국이 확장되었음을 기념하여 콘스탄티노플의 술탄에게 기린을 선물로 보냈던 것이다. 16세기 술탄의 후계자가 성인식을 맞아 할례를 한 것을 기념해 선물로 기린을 받은 이래 콘스탄티노플에서는 기린을 구경할 수가 없었다. 무하마드 알리는 술탄이 고마움을 표시하리라고 기대했다. 하산은 기린을 포획할 때부터 지속적으로 우유를 공급해 주어야 한다는 사실을 알고 있었다. 그런데 운송 책임을 맡은 투르크 사육사는 조국을 버린 볼품 없는 아랍인의 충고를 무시했다. 그 결과 부왕이 보낸 공물은 죽고 말았다.

하산이 터득한 사육법을 드로베티로부터 전달받은 무하마드 알리는 이번에는 알렉산드리아 궁과 카이로의 관리를 비롯해 나일 강 상류에서부터 자라파의 호송을 담당한 자들에게 빈틈없는 명령문을 하달했다. 하산은 자라파를 하르툼에 체류시키며 어느 정도 성장하길 기다리기 훨씬 이전부터 극도로 주의를 기울여 일을 진척시켜 나갔다.

하르툼 수비대는 이 어린 기린들이 도착하기 불과 한 달 전에 창설되었다. 하르툼에서 기린이 열여섯 달을 머무는 동안 군대 주

둔지에 지나지 않던 이곳은 무하마드 알리의 노예 무역을 책임질 담당자가 체류할 수 있는 마을로 성장했다.

봄과 가을에 하르툼은 나일 강을 따라 유럽에서 내려온 황새들로 하늘이 까맣게 뒤덮인다. 느리게 선회하며 짝짓기를 하는 엄청난 황새떼를 보면 금방이라도 시커먼 하늘이 무너져 내릴 것만 같이 느껴진다. 하르툼에서 알렉산드리아까지는 황새가 날아온 거리만큼이나 멀어 장장 1천6백 킬로미터에 달한다. 나일 강이 S자로 흐르며 이집트 국경까지 도달하는 거리가 대략 그 정도다.

기린 두 마리가 하르툼에서부터 나일 강을 따라 내려온 일정을 기록한 몇 가지 일정표들은 저마다 달라 혼란을 준다. 나중에 프랑스에서 기록된 보고서는 마르세유에서 자라파를 관리했던 아랍인 네 명이 나눈 대화의 어설픈 통역문을 근거로 작성되었다. 그들 중 두 명은 성명도 분명치 않아 이내 프랑스를 떠나 이집트로 귀환할 때까지의 기록에도 나타나지 않는다.

다른 두 명은 마르세유 세관 기록에 알렉산드리아에서부터 기린을 수송해 왔고 파리까지의 수송도 담당하게 될 사람들이라고 분명히 나타나 있다. 바로 자라파의 사육을 책임질 하산과 그의 조수 아티르였다.

드로베티는 아티르를 자신의 "검둥이 하인"이라고 했지만 생틸레르는 왕에게 그를 드로베티의 노예라고 소개했다. 당시 이집트에 체류하고 있던 외국인들은 노예를 구매했고 이 노예들은 외국인과 함께 기거한다는 이유로 자유민으로 인정을 받았다. 노예들은 고용인 신분으로 승격했는데 프랑스인과 함께 살았던 노예들에게 이런 경향이 한층 강했다. 혁명으로 1794년 프랑스와 프랑스 식민지에서는 노예 제도가 폐지되었고 흑인들에게도 프랑스 시민권이 부여되었다. 프랑스 사회의 평등주의는 클럽이나 사업, 종교 단체, 문예협회 등에서 회원 자격을 규정하는 일조차 금할 정도로 엄격히 고수되었다.

수단인이었던 아티르의 얼굴에는 세나르 남부 출신임을 나타내는 표시가 새겨 있었다. 하르툼에서 자라파를 길렀고 파리에서는 자라파와 함께 기거했던 그가 나일 강을 따라 자라파를 운송해 온 여정은 흥미진진하고 퍽이나 낭만적이었을 것만 같다. 그러나 아쉽게도 자라파를 포획해 이송시킨 과정에 대한 아랍의 기록물에는 카이로에 도착해서까지도 아티르에 대한 언급이 없다.

드로베티의 조카는 이 아랍인들과 마르세유 학자들의 대화를 번역해 기록으로 남겼는데, 이 기록에는 하르툼에서 알렉산드리아까지의 자라파의 항해 내용이 중언부언 적혀 있다. 자라파는 새끼 때부터 사람이 준 우유를 먹고 자랐으므로 다 자라서도 우유를 떼지 못했다. 아랍인들은 자라파가 물보다 우유를 좋아하는 까닭을 놈이 태어난 환경 때문이라고 설명했다.

거대한 호수가 하나 있는데 이 물은 빛깔도 하얗고 맛도 달콤하며 미지근하다. 근처의 기린이나 먼 곳에 사는 기린들이 이 호수로 몰려와 물을 마신다. 이 때문에 우리가 잡은 기린들도 신선한 낙타 젖이나 우유를 마시려는 것이다. 우유는 이 기린들이 살았던 헌 호숫물과 색이나 맛, 온도가 같다. 길이가 매우 길지만 폭은 좁은 이 호수에서는 수많은 악어들과 하마떼를 볼 수 있다. 이 호수를 아랍어로는 엘 바르 하비아트라고 하는데 드로베티에 따르면 "우유 바다"를 의미한다.

프랑스 학자들이 이 호수를 찾기 위해 지도를 뒤진 결과 백나일 강을 지칭하는 엘 바르 아비알이라는 아랍어를 찾아냈다. 그러나 자라파는 이보다도 훨씬 동쪽에서 포획되었고 청나일 강을 통해 하르툼에 도착했다.

그 중에서도 아랍인들이 자라파가 세나르를 출발해 1826년 11월 14일 마르세유 세관에 신고되기까지의 기간이라고 기록했던 —혹은 그들이 그렇게 번역했는지도 모른다— 열여섯 달의 기간이 유난히 혼란스럽다.

자라파에 대한 설명 중 가장 그럴듯한 것은 살즈 씨라고만 알려진 마르세유 학자가 남긴 기록인데 여기에는 "나이도 같고 성도 암컷으로 같은 어린 기린 두 마리가 세나르에서 카이로까지 여행을 했다. 어떤 구간은 대상을 따라 걸어왔고 또 어떤 구간은 특별히 준비한 바지선을 타고 나일 강을 따라 내려왔다"고 기록되어 있다.

투르크인들이 나일 강 상류를 평정하기 이전에는 강의 포구가 아스완에 있었다. 이곳은 사막 교차로의 북쪽 종점으로 하르툼 아래의 여섯 개 폭포 중 맨 끝의 폭포 바로 아래 위치해 있고 원주민의 약탈로부터 안전한 지대였다. 그런데 자라파가 마르세유를 떠나 파리로 여행하던 시기에 쓰여진 조프루아 생틸레르의 기록을 보면 혼란은 한층 더 가중된다. "이 기린들은 세나르에서 아스유트까지 대상을 따라 걸어서 여행을 했다. …… 아스유트부터 카이로까지는 나일 강을 배로 항해해 내려왔다."

아스완에서 아스유트까지의 4백 킬로미터는 강을 따라 배로 쉽게 내려올 수 있으므로 걸어서 여행할 필요가 없는 곳이다. 그런데 19세기 유럽인들이 나일 강에 대해 별로 아는 바가 없었음을 참작하더라도—부왕은 누비아와 수단을 최근에서야 정복했다—자라파와 일행들이 여섯 개의 폭포를 지나 육로로 아스유트까지 걸어서 왔다는 것은 논리적으로 이치에 닿지 않는다. 아스유트는 고대 대상들의 걸음으로 40일이 소요되는 도로의 출발점이었다. 그런데 이 도로는 나일 강으로 이어지지 않는다. 이 도로는 수단 서쪽에서 북동쪽으로 꺾여 통북투에서 곧장 직선으로 뻗어 있는데, 자라파를 호송했던 사람들이 이 길을 이용했을 리가 없다.

또 지독한 더위도 간과할 수 없다. 자라파가 마르세유에 도착했던 11월부터 거꾸로 세어 16개월을 거슬러 올라가면 생후 여덟 달밖에 되지 않은 어린 기린 두 마리—부왕은 그 때문에 이 기린들을 극진히 돌보라고 명령했다—가 7월 중순에 사하라를 건너 여행을 했다는 것인데 이것은 불가능한 일이다. 베르베르에서 아스완까지 물도 없는 사막을 하루에 50킬로미터씩 걷는다고 해도 두 주가 소요되는데 7월의 사막은 밤에는 얼어붙을 정도로 춥다가도 낮에는 섭씨 60도까지 올라간다.

또 여행 일지—알렉산드리아에 도착한 날부터 프랑스 본토에 발을 디딘 당일까지의 넉 달은 빠져 있다—에 따르면 자라파가 세나르에서 나일 강을 따라 내려오는 데 11개월이 걸렸다고 하는데 이것도 믿기가 어렵다. 일례로 1849년 영국으로 떠났던 하마가 하르툼에서 지중해까지 도달하는 데는 불과 60일밖에 걸리지 않았다.

여기에 자라파와 함께 여행을 떠났던 또 다른 기린의 건강 문제가 있었다. 이놈은 다음 해에 런던에 도착하긴 했지만 다리가 서 있지도 못할 정도로 불구가 되어 더 이상 여행을 계속할 수 없는 몸이 되고 말았다. 알렉산드리아에서 기린 두 마리를 본 드로베티는 외무부 장관에게 자라파는 "건강하고 활력이 있지만" 다른 한 놈은 "병이 들어 오래 살지 못할 것" 같다는 보고를 했다. 두 마리 모두 완전히 자라지는 못했다. 하지만 새끼 때 그랬던 것처럼 상자 안에 넣어 낙타 등으로 옮기기에는 몸집이 너무 컸다.

후에 마르세유에서 하산과 아티르가 작성한 보고서에 따르면 기린의 수송에서 가장 중요했던 일은 아직 젖을 떼지 못한 기린에게 매일같이 우유를 95리터씩 먹여야 하는 일이었다. 하르툼에서 카이로까지 여행하면서 이 정도의 우유를 공급하려면 최소한 젖소 여섯 마리가 필요했는데 이 젖소들은 대상들과 함께 하는 여행을 견뎌낼 수가 없었다.

당시 일어난 사건들과 계절적 요인을 고려해 보면 두 마리 어린 기린은 각기 다른 배를 타고 청나일 강을 따라 내려왔고 다시 나

나일 강의 펠러커선

일 강을 따라 세나르에서 알렉산드리아로 내려왔을 것이다. 모두 여섯 달이 소요되는 긴 여정이었다.

　나일 강을 항해하는 펠러커선은 길이가 12미터에 달하는 배로 승무원도 열두 명이 넘었다. 이 선박은 선미에 있는 선실 지붕 위에서 키를 조종하는데 그 크기가 다양해서 간단하게 선미만 있는 것이 있고, 상갑판이 선체의 절반에 달하는 것도 있다. 펠러커선은 삼각돛 두 개를 배 앞으로 향하도록 설치해 놓았는데 선체에 비해 그 크기가 크지만 우아한 맛이 있다. 삼각돛—짧은 돛대 꼭대기에 매달린 긴 막대에 연결되어 있다—은 위아래로 움직일 수 있고 선회도 할 수 있으며 돛대 꼭대기로 접어 올리거나 양옆으로 넓게 펼칠 수도 있다. 용골〔배의 바닥을 받치는 긴 목재—옮긴이〕

은 물살이 일정치 않은 강바닥 위를 원활히 이동할 수 있도록 널찍하게 되어 있고 배가 좌초되었을 경우 용이하게 제자리를 잡도록 하기 위해 뱃머리를 낮게 만들었다. 배의 후미가 높은 펠러커선은 막대나 밧줄로 밀고 당겨 하르툼과 아스완 사이에 있는 여섯 개의 폭포 위를 통과해 지나갔다.

여름철 홍수로 물살이 셀 때나 겨울철에 수위가 낮아서 펠러커선을 끌고 폭포 위를 지나야 할 때를 제외한다면 나일 강 북부를 항해하기는 쉽다. 5월과 6월이 일년 중 항해하기가 가장 좋은 때로 이 때는 남쪽으로부터 바람이 불어올 뿐만 아니라 강의 수위도 높아진다. 하르툼에서 폭포를 지나 바다에 이르기까지는 두 달이 소요되는데 이런 정황을 고려하면 기린들이 알렉산드리아에 도착한 때가 7월이었음을 알 수 있다.

기린들은 선실과 돛대 사이에 있는 갑판 위에 수용되었을 것이다. 갑판 위에 쳐놓은 천막은 그늘을 드리웠을 테고 사방에서 서늘한 바람이 불어왔을 것이다. 북으로 향하는 펠러커선에는 원숭이들도 실려 있어 흡사 고대 이집트 벽화나 부조의 그림처럼 이 원숭이들이 돛대를 기어오르거나 물건들을 타고 놀았을 것이다. 폭포를 만날 때마다 기린들은 배에서 내렸을 테고 배 안에 남아 있던 원숭이들은 강둑 양쪽과 갑판에서 선원들이 밧줄을 끄느라 맞추는 장단에 쉰 목소리를 보탰을 것이다.

1826년 봄, 나일 강을 따라 자라파가 내려오고 있을 당시 강을 따라 내려오는 사람들은 대개가 카이로로 끌려가던 노예들이었다. 포로들은 기린 두 마리가 펠러커선을 타고 강을 내려오는 광

테베에 있는 고대 기린 벽화

경을 의아하게 바라보았을 것이다. 절망에 빠진 사람들 틈에서 기린을 목격했던 에티오피아 아낙네는 그 때 무슨 생각을 했을까? 밤에는 선원들이 펠러커선을 강가에 나란히 정박해 놓고 한자리에 모여들었다. 플로베르는 이런 광경을 다음과 같이 묘사한 바가 있다. "책임자가 우리에게 타조 깃털 한 다발을 선물로 주었다. …… 어떤 아녀자는 호저 가시로 만든 빗으로 머리를 손질한 후 하나씩 꼼꼼히 땋아 내렸다. …… 몇 차례고 여행을 해본 경험

많은 흑인 아낙네들은 잡혀온 노예들을 위로하며 기운을 북돋아 주려고 했다. 그녀들은 이 신참들에게 운명을 받아들이라고 설득했는데 노예들과 아랍 상인들 사이를 통역해 주는 사람들 같았다."

자라파와 그 동료는 테베(지금은 룩소르로 지명이 바뀌었다)를 지났다. 룩소르 신전의 오벨리스크가 세워지기 이전에 이미 이곳을 다른 기린 두 마리가 지난 적이 있었는데 서쪽 강둑에서 왕실에 바칠 공물로 잡은 것이었다. 자라파가 여행한 후 수십 년이 지나 이집트 학자들이 밝혀낸 사실이다.

이 기린 중 한 마리가 기원전 15세기 푼트 지역을 여행했던 이집트 최초의 여왕 하트셉수트의 무덤에 새겨져 있다. 여왕은 다른 나라의 문화에 관심을 보여 고고학적 기록을 남겼고 이 기린을 포획해 자신의 동물원에서 키웠다. 지금까지 알려진 바로는 세계 최초의 동물원이었다.

또 다른 기린 한 마리는 3천5백 년 전 이집트 대신을 지냈던 레크미레의 무덤 벽화에 남아 있다. 레크미레는 파라오를 대신해 외국의 공물을 수령하는 직책을 맡았다. 그의 무덤에 그려진 동물원 그림에는 시리아에서 들여온 아기 코끼리 한 마리와 어린 곰 한 마리, 아프리카산 표범이 보이는데 길들이기 위해 모두 사슬로 묶어 놓았고 그 옆에는 기린과 기린 목에서 뛰노는 원숭이 한 마리도 보인다. 자라파처럼 이 기린도 어린 놈이었고 키도 작아 놈을 돌보는 두 명의 누비아인보다 그다지 크지 않다. 이 놈은 성격이 양순했던지 앞발을 묶은 끈을 잡은 누비아인에게 순순히 이끌려 가고 있다.

7

작별

　카이로를 막 통과한 나일 강은 바다를 160킬로미터쯤 남겨두고 두 갈래로 갈라진다. 이 두 지류는 또 다른 지류로 갈라지며 흡사 거대한 파피루스 꽃이 개화하듯 부채살 모양으로 펼쳐진다. 지중해로 향했던 펠러커선들은 마무디야 운하로 통하는 서쪽 지류를 택해 이곳에서 대엿새 동안 더 항해한 후 알렉산드리아 항에 정박했다.
　알렉산드리아는 개항 후 7백 년 동안 세계 제1의 국제 도시이자 학술 도시로 남아 있었다. 기원전 332년 알렉산드로스 대왕이 이집트를 정복한 후 자신의 이름을 딴 이 수도를 유럽과 아시아를 연결하는 지중해의 중심 항구로 발전시켰다. 알렉산드로스 대왕의 뒤를 이어 이집트를 통치한 프톨레마이오스 왕조의 역대 왕들은 알렉산드리아에 아테네와 로마에 버금가는 건축물들을 세웠다. 이 때 세워진 등대〔파로스 등대를 말하며, 이 등대는 세계 모든 등대의 원조격으로 높이가 135미터에 이르고 맑은 날에는 콘스탄티노플에서도 그 불빛을 볼 수 있었다고 한다—옮긴이]는 세계 7대 불가사의에 속한다. 또 그들은 믿기 어려울 정도로 엄청난 규모의 도서관을 구축했는데 알렉산드리아에 입항하는 배들은 필사본을 뜨도록 모든 책을 제출해야만 했다. 고대 알렉산드리아에는 주민 30만 명이 거주하고 있었고 도서관의 장서도 70만 권에 달했다.

기원전 1세기 프톨레마이오스 왕조의 마지막 왕 클레오파트라를 끝으로 이집트는 로마에 복속되었다. 클레오파트라와 안토니우스가 자살을 한 후 그들의 두 아들(그 때 동생은 여섯 살이었다)은 로마에 인질로 잡혀갔다. 전쟁에서 승리한 옥타비아누스(율리우스 카이사르의 양자)는 후에 열여덟 살 난 형 카이사리온을 처형했다.

로마 침략군들은 도서관을 불태웠다. 그러나 알렉산드리아는 그 뒤 3세기 동안이나 지중해 교역과 지성의 중심지로 남아 있었다. 로마인들은 나일 강에서 알렉산드리아에 이르는 최초의 운하를 건설했고 이집트 곡창 지대는 제국의 식량 공급지가 되었는데 이 때 알렉산드리아의 인구는 백만에 달해 로마 다음가는 도시로 발전했다.

이렇게 해서 이집트, 그리스, 로마라는 고대 산업과 문화의 중심지는 알렉산드리아에서 합류해 번성을 구가했다. 프톨레마이오스 지도와 천문학 때문에 알렉산드리아는 우주의 중심이 되었다. 그러나 로마 제국의 몰락과 함께 하늘과 지상과 역사의 교차점에 있던 이 도시는 타락을 거듭했다. 정치적 술수가 판을 쳤고, 폭동, 기근, 질병으로 쇠퇴 일로를 걸었다. 4세기 끝 무렵 기독교가 로마의 국교로 공인되자 알렉산드리아의 고대 신전들은 완전히 파괴되었고 신전의 교육 기능도 막을 내렸다. 설상가상으로 7세기 무슬림 정복자들이 알렉산드리아에 치명타를 가했다. 그 유명한 등대는 지진으로 와해되었는데, 일설에 의하면 아랍인들이 이곳에 묻힌 금을 파내기 위해 넘어뜨렸다고도 한다. 고대 로마인이 건설했던 수로는 무슬림들이 알렉산드리아를 버리고 카이로에 새 수도를 건설하면서 흙더미에 묻혀 버렸다.

그러나 나폴레옹의 이집트 원정으로 알렉산드리아의 전략적 중요성이 제고되었다. 무하마드 알리는 이 항구를 이집트 무역 전진기지로 재건했는데 이제는 그에게 중요한 도시가 되어 1819년 — 운하를 다시 복구해 투르크의 술탄 이름을 따 마무디야 운하라고 이름 붙인 직후다 — 이후부터는 아예 거처로 삼았다. 무하마드 알리의 부친은 군인 출신으로 배를 임대해서 담배 장사를 했다. 이런 까닭에서인지 바다는 그에게 사막보다 친근했고 알렉산드리아는 카이로보다 사치스러웠으며 그의 세속적인 포부에도 걸맞는 도시였다.

알렉산드리아 앞바다는 끊임없이 변하며 장관을 연출한다. 이곳의 바다는 청록색의 잔잔함과 진홍빛의 장중함, 그리고 푸른색의 광대함이 함께 어우러져 있다. 바람이라도 불라치면 이런 색의 향연에 짙은 녹색이 가세한다. 또한 쪽빛 하늘과 회색 구름을 머금고 있던 수면이 잘게 부서지며 금빛의 햇살을 펼쳐낸다. 바다는 나일 강을 따라 잔잔히 흐르다가도 순식간에 사나운 이빨을 드러낸다. 덮쳐오는 파도는 포말을 흩뿌려 항구 입구에 맘루크들이 세워 놓은 대리석 요새를 배경으로 무지개를 걸쳐 놓는다. 햇살 또한 변덕스럽기 그지없지만 세상을 열기로 짓누르는 사막의 태양과는 사뭇 달라 장중한 우울감마저 자아내게 할 정도다. 이곳에서는 아랍인들의 억양도 다르며 사람들의 얼굴색도 그리스인에 가깝다.

나일 강 주변 지역은 5천 년을 지속해 온 엄청난 열기와 주변 여건상 생물이 살아가기에 적합한 곳이 아니다. 그런데도 유독 알렉산드리아는 이런 환경적인 제약에서 벗어나 있다. 주변 경관이 아름다워 사람들에게 정서적으로 편안함을 준다. 사람들도 더 이상 고통에 찌든 모습이 아니며 눈매도 차분하게 가라앉아 있다. 그들의 마음은 더 이상 쉴 곳을 찾아 분주히 떠돌지 않는다. 3천5백 년 전 기린의 목에 매달렸던 원숭이가 그랬듯이 그들은 이곳에서는 더 이상 그늘이나 마실 것, 손길을 찾아 떠돌지 않는 것이다.

이곳에 이르면 나일 강을 따라 내려왔던 장엄하고도 고된 여행이 끝을 맺는다. 하지만 알렉산드리아는 묘한 우수에 차 있는 도시다. 사람의 발걸음만큼이나 재게 흘러가는 이곳의 시간은 다시는 되돌려놓을 수가 없다. 항구와 거친 바다 사이에서 빛을 등지고 선 맘루크 요새는 해의 움직임에 따라 황갈색에서 흰색으로 옷을 갈아입는데, 불과 5백 년밖에 되지 않은 모래성이다. 낙원을 꿈꾸었던 무슬림들을 현혹시키며 안타까이 사라졌던 사막의 신기루 대신 이곳에서는 무지개가 바다의 숨결에 리듬을 맞추어 종적을 감춘다. 마지못해 여행을 지속한 남부의 노예들은 여기서 불멸의 그 무엇이 가득했던 고향에 대한 향수를 삼켜야만 했다.

어린 기린 두 마리는 1826년 초여름에 알렉산드리아에 도착했다. 솔트는 자라파가 다른 놈보다 건강해 보였으므로 당연히 자라파를 원했다. 드로베티의 서신에 따르면 부왕은 서로 경쟁을 벌였던 두 영사로 하여금 제비를 뽑게 했다. 굳이 그렇게 하지 않았더라도 드로베티의 성품과 무하마드 알리와의 친분을 생각해 보면 상황은 프랑스 쪽에 단연 유리했을 것이다. 드로베티는 파리의 외무부 장관에게 상황을 간략히 보고했다. "각하께 좋은 결과를 보고할 수 있게 되어 기쁘기 그지없습니다. 우리가 받기로 한 기린은 건강하고 활력에 넘칩니다만 영국이 받기로 한 기린은 병이 들어 얼마 살지 못할 것 같습니다."

기린들은 자신들이 태어난 고향에서 3천2백 킬로미터나 떨어진 무하마드 알리의 궁궐 마당에서 지중해를 굽어보며 석 달을 보냈다. 8월 말경 드로베티는 자라파를 마르세유로 보낼 채비를 마쳤다.

드로베티는 프랑스 배를 징발해 운임을 절감하는 대신 친분이 있던 이탈리아 선장 스테파노 마나라에게 자라파의 운송을 위임했다. 마나라는 사르데냐의 범선 이 두에 프라텔리 호를 이끌고 있었다. 알렉산드리아에서 24년간 사업에 종사했던 드로베티는 유럽 선박들에 정통했고 선장들과도 친분이 두터웠다. 그는 "국왕에게 보내는 멋진 동물"이 거추장스런 화물 취급을 받느니 경비가 더 들더라도 안전을 도모하는 편이 낫다는 생각을 했던 것이다.

이 두에 프라텔리 호로 기린 두 마리를 실어 나르는 운임은 4천5백 프랑이었는데 미화로 치면 750달러나 되었다. 이 금액은 당시로서는 엄청난 거금이었다. 이 운송비에 다른 공식 경비를 합하면 자라파가 마르세유에 7개월간 머물면서 소요한 경비(특수 우리 제작비, 수행원에게 들어간 인건비, 먹이 등의 모든 비용을 포함한)의 갑절이 족히 넘는다.

여기서부터는 하산이 아티르의 도움을 받아 자라파를 책임졌다. 자라파의 수행원으로 젖소 세 마리와 드로베티가 "왕에게 선물로 보내는" 영양 한 쌍이 새로 합류했다. 선창에는 부왕과의 계약이 파기되어 프랑스로 귀환하려는 브와예 장군의 말 두 마리도 실려 있었다.

드로베티는 마르세유까지 몸소 자라파와 함께 항해할 맘을 먹었으나 고질적인 멀미 때문에 포기했다. 드로베티는 자신의 멀미가 사람들에게 익히 알려졌기 때문에 때로는 난처한 입장을 피하는 데 이용하기도 했다. 만에 하나 기린이 항해 도중 죽어 버린다 해도 자신이 직접 항해에 참여하지 않았다는 구실로 곤란한 처지를 면할 수 있을 것이었다. 그 대신 드로베티는 조카를 보내 꼭 필요한 인물이었던 하산의 통역을 맡도록 했다.

범선의 갑판에는 자라파가 자유로이 목을 뻗을 수 있도록 구멍을 냈다. 배가 파도에 흔들릴 때 자라파의 목이 다치지 않도록 구멍 가장자리에는 짚으로 만든 받침대를 대었고, 그 위로는 범포〔돛을 만드는 천—옮긴이〕로 덮개를 만들어 햇살과 비를 피하게끔 했다. 난생 처음 동료와 이별을 하게 된 자라파는 선창에 실린 다른 동물들 틈에 껴 선 채로 항해를 했다. 자라파의 목과 머리는 갑판 위에 선 사람들보다도 더 우뚝 솟아 있었다. 슬픈 이별의 장면이었다. 자라파는 그 커다란 몸집과 강건함에도 불구하고 이제 더 이상 야생 동물이 아니었다. 자라파는 사람들이 길들여 왔던 그 어떤 동물보다도 더 친근한 애완 동물이 될 것이었다.

이 두에 프라텔리 호는 노아의 방주처럼 자라파와 그 일행들을 싣고 1826년 9월 29일 알렉산드리아를 출발했다. 양국의 친선을 상징하는 자라파를 실은 범선에는 이집트 국기와 프랑스 국기가 나란히 펄럭였다. 드로베티는 선장 마나라와 조카에게는 이탈리아어로, 그리고 브와예에게는 프랑스어로, 또 하산과 아티르에게는 아랍어로 건투를 빌었다. 브와예의 참모들이 준비한 배웅식도 요란하게 펼쳐졌다.

드로베티는 마르세유의 외무부 관리에게 보내는 꼼꼼한 지시사항을 조카에게 들려 보냈다.

제발 당부컨대 기린에게 필요한 모든 조치를 취하도록 하십시오. 검역도 철저히 할 것이고 기린이 머무는 우리의 온도도 적절히 유지시켜 주어야 할 것입니다. 이 동물은 열대 태생의 다른 동물만큼 까다롭게 추위를 타지는 않지만 봄이 되어서나 마르세유를 출발시키는 게 좋을 듯합니다. …… 함께 실어 보낸 젖소로는 우유가 좀 부족할지 모릅니다. 담당자에게 부족한 우유를 충당하도록 단단히 일러 주십시오. 우유는 반드시 먹여야 합니다. 3년 전 콘스탄티노플의 술탄에게 보냈던 기린이 비용을 절약한답시고 우유를 주지 않았던 탓에 죽고 말았던 일이 있습니다.

…… 수고스럽겠지만 폐하께 보내는 영양 두 마리도 성의껏 돌봐 주시기 바랍니다. 수놈이 속병을 앓고 있는데 …… 이미 암놈에게도 옮긴 것으로 보아 옴 때문인 것 같지는 않습니다.

…… 궁내 대신에게는 내 하인 아티르가 파리까지 자라파를 동행할 수 있도록 부탁드립니다. 관리인으로 내가 뽑은 사람이지요. 유럽인 사육사가 기린을 길들이기에 어려움이 있을지 모르겠으나 아마 아티르라면 잘 해낼 것이고 기린도 그를 잘 따를 겁니다.

한편 몸이 불편한 자라파의 동료는 그 이듬해 정월까지 알렉산드리아에 머물렀고, 영국까지의 항해가 순조롭지 않아 몰타 섬에서 또 여섯 달을 머물렀다. 이 기린은 1827년 8월에 런던에 도착했으나 6주 전 자라파가 프랑스에 도착해 엄청난 환영을 받은 것에 비하면 초라한 대접을 받았다. 기껏 조지 4세에 적대적인 만화에 풍자되었을 뿐이다. 서 있지도 못할 정도로 건강이 악화된 이 기린은 몸을 가누지 못해 멜빵으로 붙들어 매 놓아야 했다. 어떤 만화는 이 기묘한 장치를 몸에 단 기린을 끄는 왕과 왕비를 그려

영국으로 보내진 기린

놓고는 "저 놈을 박제로 만들려면 우리는 또 세금을 내야 한다"는 뼈있는 설명을 붙여 놓았다. 이 기린은 1829년 8월 런던에서 죽고 말았다. 만화에는 한 가지 빠진 사항이 있었는데, 기린의 목에는 악마로부터 보호해 달라는 코란의 한 구절이 부적처럼 씌어 있었다. 자라파의 목에도 마찬가지의 글귀가 씌어 있었다.

8
카멜로파르달리스

알렉산드리아에서 지중해를 건너 이탈리아와 프랑스로 항해하려면 크레타 섬 북서쪽의 항로를 택해 서쪽으로 나아가다가 시칠리아 섬의 메시나 항에서 다시 북서진해야 한다. 대서양을 두 주쯤 항해하다 보면 멀리 지평선 위로 우뚝 솟아오른 시칠리아 섬의 에트나 화산을 볼 수 있는데 기후가 좋을 때면 이곳 항로에서는 키를 조종하지 않아도 된다. 이 두에 프라텔리 호의 항해는 순조로웠다. 낫처럼 뾰족이 튀어나온 메시나 반도에 배가 도착하기 하루 전부터 선상에서는 2백 킬로미터나 떨어진 에트나 화산에서 뿜어져 나와 바람에 쓸려 다니는 화산 연기를 볼 수 있었을 것이다.

구두처럼 생긴 이탈리아 본토에 걸어채일 듯 위태롭게 튀어나와 있는 메시나는 본토와는 해협을 두고 불과 5킬로미터밖에 떨어져 있지 않은데 이곳은 역사적으로 지중해 해상로의 중심지였다. 고대 그리스의 식민지 개척자들이 세운 이 항구는 후에 카르

타고인의 수중에 넘어갔고 로마 시대에는 알렉산드리아와 콘스탄티노플을 로마 제국과 연결하는 관문이 되었다. 동로마 시대에는 비잔틴 제국의 문화 중심지로 발전해 노르만의 무용시와 소네트의 탄생지로 각광을 받았다. 하지만 결국 수세기에 걸쳐 되풀이된 지진으로 철저하게 파괴되고 말았다.

자라파가 살았던 시대의 메시나는 세계 교역의 요충지였다. 아

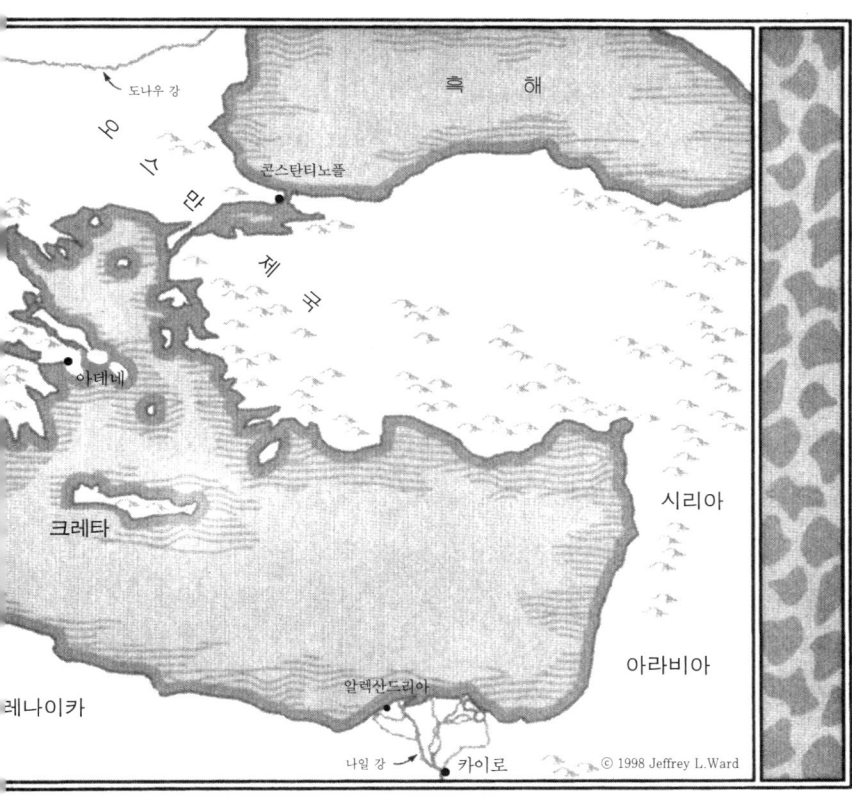

프리카와 아시아로 향하는 유럽의 선박들은 이곳을 거쳐갔다. 세 대륙에서 출항한 선박들은 이곳에 닻을 내려 휴식을 취했고 물과 식량을 공급받았다. 14세기부터 시작되어 세계 인구 3분의 1을 앗아간 흑사병 때문에 선원들과 승객들은 항구에 정박하기 전에 선상에서 검역 절차를 밟아야 했다.

이렇게 이 두에 프라텔리 호의 갑판에서 검역 절차를 밟던 자라파와 하산과 아티르는 난생 처음으로 새로운 세계를 목격했고, 그 세계에서 들려오는 소리를 들었으며 풍치를 느꼈다. 행상인들은 작은 배를 타고 정박지로 몰려나와 검역 때문에 배에 묶여 있는 여행객들에게 물이며 아채며 맛난 향토 음식과 포도주를 팔았다. 행상인들은 물건값으로 받은 동전을 식초 같은 살균제가 가득 찬 항아리에 담았다.

메시나는 열대 세계와 유럽 세계가 만나는 지역이다. 수세기 동안 에트나 화산에서 분출된 화산재로 토양이 비옥해 야자나무와 떡갈나무, 소나무 등의 상록수가 두루 잘 자란다. 광장과 정원에 상록수를 심기 때문에 가을과 겨울에도 풍성한 푸르름을 유지하지만, 가로수길은 낙엽송을 심어 놓아 왠지 유럽식의 정취가 난다. 항구에서는 도시 뒤로 솟아 있는 언덕─올리브와 감귤 과수원, 소규모 포도원이 계단식으로 촘촘히 나 있다─에 가려 그 지역 말로 '아름다운 산'이라는 뜻의 몬지벨로라고 불리는 에트나 화산의 겨울 설경을 볼 수가 없다(3,323미터 높이의 에트나 화산은 유럽에서는 가장 높은 활화산이다. 이 때문에 2천8백 년 전 그리스인들은 '불에 탄다'라는 뜻으로 에트나라는 이름을 붙였다. 지금까지 에트나 화산은 135회 이상이나 분출을 했는데 단 한 번의 화산 활동으로 2만 명의 인명을 앗아간 적도 있다).

메시나의 가을 햇살은 매우 강렬해서 프랑스나 유럽보다는 오히려 아프리카 기후에 더 가깝다. 그렇지만 아프리카에서 우기가 끝날 무렵이 되면 이곳에서는 거꾸로 우기가 시작되는데, 이 때 내리는 비 때문에 긴 밤은 한층 더 쌀쌀해지며, 말갛게 씻긴 하늘로 이따금씩 얼굴을 내미는 별빛도 한층 청명해진다.

자라파가 출발하기 6개월 전에 리파트 타타위라는 아랍 청년이 알렉산드리아를 떠나 마르세유로 향하는 배에 탑승했다. 타타위는 무하마드 알리가 유럽으로 처음 유학을 보낸 54명 중 한 사람이었다. 이 아랍인들은 프랑스 범선 라 트뤼트 호를 타고 출항했는데 이 배에는 예멘산 앵무새와 살쾡이가 실려 있었다.

타타위는 하선 허락을 받지 못한 관계로 배 안에 머물면서 보고 느꼈던 메시나에 대한 인상을 다음과 같이 기록하고 있다. "우리는 항구에 닷새 동안 머물렀다. 저 멀리 높이 솟은 성과 웅장한 사원이 보였다. 새벽 여명 속에서 비쳐 오는 제등과 횃불을 볼 수 있었는데 해가 솟아올라도 이 불들은 꺼질 줄 몰랐다. 명종곡(鳴鐘曲)이 들려오는 것으로 보아 축제라도 벌어진 모양이었다. 종이 만들어 내는 조화음이 절묘했다."

이 즈음 자라파와 그 동료는 하르툼에 머물면서 기도 소리를 듣고 있었다. 그들의 삶을 제각기 다른 방향으로 이끌 나일 강 항해를 한 달 가량 남겨 놓은 시점이었다. 타타위는 계속해서 기록을 하고 있다. "솜씨 좋은 연주가가 내는 명종곡 소리를 듣노라니 영혼이 온통 잦아드는 것 같다. 처음 듣는 음악인데도 심금이 울려 온다. 나는 시 한 구절을 암송했다. '그는 도착하지 못하지, 벨을 울리며 내가 묻는다. "영양에게 명종곡을 가르쳐준 이는 누구인가?" 그리고 내 영혼에게 자문한다. "그대를 그토록 슬픔으로 내몬 이는 누구인가? 잘 따져보세. 종소리 때문이지 아니면 헤어짐의 상처 때문인지."'"

메시나 사람들은 갑판 밑에 몸을 가린 채 기다란 목만 비죽이 내밀고 있는 자라파를 보고 과연 무슨 생각을 했을까? 적극적인 기질에 걸맞게 매사를 기록하기 좋아하는 이탈리아 사람들이 이 기린—목과 머리는 낙타를 닮았고 표범처럼 몸에 점이 박힌—에 대해 무언가 기록을 했다면 아마도 여기에는 이 기린이 메시나에서 처음 본 기린은 아니라는 내용도 포함되어 있을 것이다. 율리우스 카이사르는 기원전 46년 클레오파트라가 통치하던 이집트에서 귀환하면서 기린 한 마리를 끌고온 적이 있었다.

기린이 나일 강을 무사히 내려오게 하려면 자라파의 경우처럼 길들일 수 있을 정도로 어린 놈이어야 했을 것이다. 아프리카에서 승승장구한 카이사르는 금, 상아, 에메랄드 외에도 전리품으로 사자, 표범 등 맹수 수백 마리와 비비, 사바나 원숭이, 살루키(북아프리카와 중동이 원산인 그레이하운드류의 사냥개로 개로서는 가장 먼저 사육되었다), 나일 앵무새, 잉꼬, 홍학, 타조 등의 동물과 노예, "횃불로 장식한 엄청난 수의 코끼리떼를 이끌고 당당하게 로마에 입성했다. 이 뒤를 기린이 따르고 있었다.

이로부터 얼마 후 카이사르의 입성을 기념해 경기가 열렸다. 카이사르는 동향의 심복에게 기린을 선물했고, 그는 기린을 사자들 사이에 밀어 넣음으로써 볼거리를 연출했다. 플리니우스는 입성식에 앞서 벌어진 경기에서만 사자 4백 마리가 제물로 희생될 정도로 엄청난 장관이 연출되었다고 기록하고 있다. 이에 대해 로마

역사가 디온 카시우스는 훗날 "사람들은 보통 이런 일을 과장하기 마련이다. …… 하지만 당시 로마에 처음으로 모습을 보였던 기린에 대해서는 언급을 해야겠다"며 의구심을 나타냈다.

이후부터 수세기에 걸쳐 로마로 들여온 기린 수백 마리가 경기에 투입되어 죽음을 당했다. 일부는 사냥감으로 희생되기도 했지만 대부분은 서커스 막시무스의 투기장이나 콜로세움에서 죽음을 맞았다(경기가 열리는 당일부터 경기장에 새로 깔아놓은 모래가 피로 붉게 물들었다. 첫날에만 5천 마리의 동물들이 학살되었는데 그 대부분이 사자와 곰이었다).

이런 비참한 쇼는 기원전 275년 이피로스(그리스 북서부 지역과 알바니아에 걸쳐 있던 고대 국가)의 왕 피로스에게 승리한 로마 군단이 코끼리 142마리를 포획해 로마로 귀환하면서부터 시작되었다. 이전까지 코끼리를 본 적이 없던 로마군에게 코끼리는 경악의 대상이어서 로마군은 진격로를 타렌툼으로 돌렸고 이곳에서 처절한 전투를 벌인 끝에 결국 패하고 말았다. 이 첫 전투에서 피로스 왕은 승리를 거두기는 했으나 그 역시 엄청난 타격을 입었다. 지금도 이 전투를 빗대 막대한 희생을 치르고 거둔 보람 없는 승리를 피로스의 승리라고 한다. 이 굴욕을 씻기 위해 로마 원로원은 모든 로마 시민이 보는 앞에서 코끼리떼를 사형시킬 것을 선고했다. 겁에 질린 데다가 경험이 없던 사형 집행인들은 멀찍이 떨어져서 활을 쏘고 창을 던졌고 그렇게 잔학한 학살은 오래도록 이어졌다.

이로부터 근 3세기가 흘러 기독교 시대에 접어들어서는 제국의 승리를 기념하는 이런 잔혹한 기념식이 대중의 유흥거리, 혹은 개인의 취향으로 발전했다. 엘라가발루스 황제의 술잔치에 초대받은 하객들은 꿩을 산 채로 사자에게 던져주었다. 잔치는 여기에서 그치지 않았다. 술을 못 이겨 나가떨어진 운 나쁜 손님들은 거꾸로 꿩 신세가 되어 사자나 표범 또는 곰 우리에 던져졌다. 희생자 중에는 황제의 유머 감각을 이해하지 못하고 그저 경악하여 지레 죽은 자도 있었다.

카이사르는 동물과의 이런 경기를 벌여 로마 시민을 즐겁게 했고, 또 승전을 기념하는 이런 축제에 시민들은 당연히 참여해 축하를 보내야 했다. 그러나 카이사르는 이런 축제 때문에 개인적으로 엄청난 빚을 졌다. 예수가 십자가에 못박혀 죽은 직후 황제에 즉위한 칼리굴라 황제는 축제에 형벌이라는 새로운 기능을 도입해 비용 절감을 꾀했다. 범죄자를 사자 우리에 집어넣은 것이다.

유럽과 아시아, 아프리카 오지로까지 세력을 넓혔던 로마인들은 이전까지 야생에서는 서로 대면할 수 없었던 동물들끼리 싸움을 붙였다. 투기장에 모여든 관중들은 덩치 큰 집고양이의 위협으로부터 날개 꺾인 잉꼬나 토끼를 구해주는 사자에 열광했다. 그야말로 코미디였다. 기린은 아시아산 곰이나 이베리아산 투우와 맞붙어야 했고, 황제와도 겨뤄야 하는 경우도 흔했다. 고르디아누스 1세가 몸소 베어 넘긴 동물 중에는 기린 1백 마리도 포함되어 있었다. 자라파에 관련된 기록으로 볼 때 카이사르가 들여온 기린 이후로는 길들인 기린이 로마에 들어온 전례가 없다.

로마 제국이 망해 서유럽이 암흑 시대로 접어든 이후 천 년의 세월이 흐르도록 유럽에서는 기린을 볼 수가 없었다. 십자군 전쟁으로 서유럽이 다시 세계로 관심을 돌리기 시작할 즈음인 1486년, 맘루크 출신인 이집트 술탄 쿠아이트 베이가 피렌체 메디치가의 로렌초에게 "기독교인들과의 우호 관계"를 희망한다며 어린 기린 한 마리를 선물로 보낸 적이 있다. 로렌초는 선물에 대한 답례로 쿠아이트 베이가 건축 중인 대리석 요새만큼이나 희디흰 곰을 보냈다. 요새는 건설이 한창 진행되어 이미 이 즈음부터 알렉산드리아 항 앞바다에 무지개를 걸쳐놓고 있었다.

생틸레르는 로렌초가 선물받은 기린에 대해 자세히 묘사하고 있다. "기린은 저택의 이층 창으로 목을 내밀어 귀부인들이 던져준 과일을 받아먹었다. 주로 사과가 많았다. 귀부인들에게 기린은 수양딸과도 같은 존재였다."

이 기린은 르네상스 시대의 그림과 프레스코화의 소재가 되어 지금도 기억되고 있다. 또 시에나 인근에 있는 열일곱 개의 자치도시(Contrada) 가운데는 콘트라다 델라 지라파라는 자치 도시도 있다. 시에나에서는 매년 팔리오라는 말 경주가 열리는데 콘트라다 델라 지라파를 대표해 나온 팀은 기린이 그려진 기수복을 입고 출장한다.

1546년 프랑스의 박물학자이자 여행가였던 피에르 벨롱은 이집트에서 목격한 기린 이야기를 유럽에 상세하게 전해 주었다.

"아무리 사나운 폭군이라도 이국에서 온 이 동물에는 흠뻑 빠져들지 않을 수 없다. 우리는 카이로 궁궐에서 기린 몇 마리를 보았는데 먼 곳에서 잡혀온 놈들이었다. 기린 중에는 주르나파라고 불리는 놈이 있었다. 고대에는 라틴어로 카멜로파르달리스라고 했던 이 동물은 몹시 아름다울 뿐더러 성격도 온순해 어떤 야생 동물보다도 더 친하게 지낼 수 있다." 이 구절은 아랍어의 제라파(벨롱은 주르나파라고 잘못 표기했다)에 관한 기록 중 가장 초기의 것이다. 이미 앞에서 언급했듯이 아랍어의 제라파라는 말이 에스파냐어와 이탈리아어, 그리고 프랑스어를 거쳐 영어의 지래프가 되었다. 오늘날 기린을 나타내는 학명 지라파 카멜로파르달리스는 이렇게 아랍어와 그리스/라틴어가 섞여 만들어진 말이다.

9

잠든 마르세유를 가로질러

1826년 10월 10일 파리에 있던 외무부 장관 다마스 남작은 마르세유에 파견 나와 있던 관리에게 다음과 같은 서신을 보냈다. "또 다른 동물(모로코 왕이 프랑스 국왕에게 사자를 선물로 보냈다)을 수령하면 지체 없이 마르세유 지사에게 위탁하도록 하시오. 프랑스 밖에서 발생한 경비는 우리 외무부에서 지불을 하겠지만 프랑스 안에서 발생하는 경비에 대해서는 책임을 질 수가 없소. 내무부 소관이기 때문이오. 따라서 귀하는 이 동물들에 대해서는 더 이상 관여를 하지 않아도 좋소."

장관이 보낸 이 지령서는 자라파가 아직 항해 중일 때에 마르세유로 전달되었다. 이 지령서에는 기린에 대한 특별한 언급은 없었다. 그러나 드로베티의 상관이었던 다마스는 이집트에서 오는 이 기린이 얼마나 큰 값어치가 있는 것인지 잘 알고 있었다.

자라파가 나일 강을 따라 여행했던 경로는 잘 드러나지 않은 부분이 있었지만 그 이후의 여정에 대해서는 마르세유, 리옹, 파리의 고문서 보관소에 있는 엄청난 편지와 메모, 송장, 당시의 신문 기사를 통해 자세히 알 수 있다. 마치 무언가가 아카시아 잎들 사이에서 홀연히 등장하듯 그렇게 자라파가 마르세유에 모습을 드러낸 것이다. 자라파가 등장하자 자라파와 관련된 흥미진진하고도 시시콜콜한 이야기들이 퍼져 나갔다.

지난 세기 전염병이 덮쳐 불과 2년 동안 마르세유 시민 9만 명 중 5만 명이 목숨을 잃었다. 전염병은 급속도로 퍼져 마르세유를 "죽음의 도시"로 만들었다. 그 때문에 항구에서는 검역을 엄격히 실시했는데 자라파가 살았던 시대에 남미에서 에스파냐로 전파된 황열병에 대해서도 예외가 없었다. 선박들은 본토에서 5킬로미터 떨어진 포메크 섬과 라토노 섬, 이프 섬 사이에 닻을 내리고 대기하고 있어야 했다.

신설된 검역항은 샤를 10세의 손자 이름을 따 디유돈네라고 했는데, 샤를 10세는 아들이 암살된 지 7개월만에 본 손자에게 '하늘이 내신 자'라는 뜻으로 이 이름을 지어준 것이다. 배가 이곳에 도착하면 승객들은 라토노 섬에 있는 보건소에서 검역 절차를 밟거나 소형 선박을 타고 본토로 이동해 도시 근교에 있는 검역소에서 검역을 받아야 했다.

자라파가 마르세유에 도착하기 6개월 전인 1826년 5월 유학길에 나섰던 타타위 일행—총 54인으로 구성되었는데 이 중 40명의 젊은이들이 파리에서 교육을 받도록 되어 있었다—도 라 트뤼트 호에 예멘산 살쾡이와 앵무새를 남겨둔 채 18일에 걸쳐 계속되는 검역을 받으러 검역소로 나섰다.

타타위는 마르세유에 있는 검역소의 규모가 "엄청났다"고 기록하고 있다.

검역소 구내에는 공관과 정원, 그리고 견고한 건물들이 들어서 있다. 이 건물 하나만 보아도 이 나라의 건물들이 얼마나 훌륭한가를 알 수 있었다. 건물들은 세심하게 지어져 있었고 공원이며 샘 따위가 잘 정비되어 있었다. 사람들은 우리를 전혀 개의치 않았지만 첫날부터 우리에게는 낯선 일들이 일어났다. 우리에게는 생소한 언어를 쓰는 프랑스 직원들이 우리를 어디론가 데려가더니 근 백 개에 이르는 의자를 마련해 우리를 앉도록 했다. 이 나라 사람들은 우리와 달리 바닥에 앉는 대신 의자에 앉는 것이 습관이 된 것 같다.…… 식사 습관만 해도 그렇다. 직원들은 식탁 주위에 의자를 둘러놓고 한 사람씩 앉도록 했다. 그러면 …… 준비된 접시로 음식이 제공되는데 음식을 받은 사람은 식탁 위에 마련된 나이프로 음식을 썰어 포크로 먹어야 했다. 이곳 사람들은 음식을 손으로 집어먹지도 않고 다른 사람의 포크나 나이프, 컵을 사용하지 않는데 그러는 것이 건강에도 좋고 또 예의 바른 행동이라는 것이다.

이렇게 검역 절차가 진행되는 동안 동물들과 사육사들은 배에 남아 사무 절차가 끝나기를 기다렸다. 제반 경비를 누가 책임질 것인지에 대한 문제도 분명히 가려놓아야 했다. 외무부 장관은 일단 프랑스로 발을 들여놓은 동물에 대해서는 추후부터 한푼의 경비도 지불할 수 없다는 입장을 분명히 했다. 왕이 선물로 받은 기린도 예외일 수 없었다. 세관장은 관료답게 세련된 어휘를 구사해 가며 마르세유 지사인 빌뇌브 바르주몽 백작에게 6월 이후 파리 동물원 측에서 지급하지 않은, 하루 1.4킬로그램씩 살쾡이에게 공급된 고기 두 달치 비용과 기타 경비를 지불해 줄 것을 촉구했다.

('살쾡이'[wild cat]라는 말을 통해 이 동물이 유럽인들에게는 얼마나 생소한 동물이었는지 대략이나마 짐작해볼 수 있다. 이집트 부왕이 보낸 이 선물은 "아프리카 호랑이", 또는 "모로코 황제의 사자"라고 불리기도 했다. 파리에서 이 동물들을 맞을 채비를 하고 있던 생틸레르나 다른 동물학자들도 지사에게 보낼 먹이 지침서를 단지 추측에 의존해 작성할 수밖에 없었다. "이 동물의 몸집이 집고양이 정도의 크기라면 하루에 고기 5백 그램만 주어도 충분할 겁니다. 만약 몸집이 여우만 하다면 고기 9백 그램을 주어야 할 것이고, 늑대 크기라면 1.5에서 2킬로그램은 주어야 할 것입니다.")

1826년 10월 23일 목요일, 이 두에 프라텔리 호는 25일의 항해 끝에 마르세유에 도착했다. 그러나 27일인 금요일에 되어서야 지사는 "검역소 직원" 8인이 서명한 다음과 같은 편지를 받을 수 있었다. "마나라 선장이 왕립 동물원에 보낼 기린과 그 외의 동물들을 알렉산드리아로부터 무사히 싣고 왔음을 보고 드립니다. 동물들에 대해서는 지체 없이 검역 절차에 들어가겠습니다. 그런데 이 동물들을 수용하려면 먹이를 비롯한 경비가 꽤나 들어갈 것 같습니다만, 허락하신다면 저번의 경우처럼 이 비용을 검역소에서 미리 대납해 드리겠습니다."

그런데 지사는 외무부 소속 직원으로부터 기린의 도착과 관련해서 이미 들은 말이 있었다. 이 직원은 기린의 생존에 꼭 필요한 드로베티의 '주의 사항'을 적은 메모와, 차후 기린에게 소요되는 경비는 지불하지 않겠다는 외무부 장관의 지령서를 보냄으로써 이 문제를 일단락 지어 버렸다.

자라파가 프랑스에서 살아가는 데 커다란 도움을 준 빌뇌브 바르주몽 백작—그가 기린에 보인 애착은 아주 대단해서 생틸레르에게 자라파를 "내 수양딸"이라고 말할 정도였다—은 검역소 직원에게 보낸 답장에서 돈 문제는 언급하지 않았다. 드로베티가 전한 주의 사항은 지사를 거치면서 사실상 훈령의 효력을 발휘했다. "이 동물에게 생기는 아무리 사소한 일이라도 내게 알려주도록 하시오. 프랑스 총영사께서 이 동물을 돌보도록 검둥이 마부를 고용한 바 그가 지속적으로 기린을 돌보도록 하는 것이 무엇보다 중요함을 명심하시오."

가을이 되어 쌀쌀한 바람이 불어오자 보건소가 들어서 있는 섬들은 한층 더 삭막해졌다. 여름의 흔적을 품고 있던 야생화도 몇 송이를 끝으로 자취를 감추었다. 가파른 절벽 틈 옹색한 한 줌 흙 덩이에 몸을 의지한 야생 로즈마리만이 모진 생명을 부지하고 있

이프 성

을 뿐이었다. 갈매기 한 무리가 줄기를 따라 작은 잎을 내는 자운영 가지 위에 날개를 접고 앉았다. 갈매기들은 인기척을 느껴도 잠시 움찔할 뿐 좀체 날아가려 하지 않았다.

옹기종기 모여 있는 섬들 중 가장 작은 섬이 이프 섬인데 이곳에는 유명한 교도소가 있다. 자라파, 하산, 아티르가 이곳 근처에 정박하기 3백 년 전에 프랑수아 1세는 마르세유의 방어 요새로 이 섬에 이프 성을 세웠다. 1516년 밀라노 왕국을 정복하고 귀환하던 이 젊은 왕은 이 섬을 처음으로 보게 되었다. 마르세유 시민들은 왕을 위해 해전을 소재로 삼은 연극을 상연했다. 연극에서 배들은 오렌지 포탄을 주고받았다. 폴 드 라레는 이 축제를 다음과 같이 묘사하고 있다. "폐하께서는 연극에 심취한 나머지 폐하를 위해 마련된 전투에 친히 참가하셨다. 폐하는 즐거워하시며 …… 오렌지를 던지셨고 날아오는 오렌지를 가슴으로 한껏 받아내셨다. 농익은 오렌지가 터지면서 붉은 물이 용포(龍袍)를 적시며 흘러내렸다."

프랑수아 1세가 마르세유에 머무는 동안 인도 코뿔소를 실은 배 한 척이 섬에 정박했다. 포르투갈 왕이 로마 교황청에 보내는 선물이었다. 이 코뿔소는 그 전 해에 이미 인도 남서쪽 해안의 포르투갈 식민지인 고아를 출발해 리스본까지 여행한 경험이 있었다. 고대 로마 시대에 경기장에 모습을 드러낸 이후로 유럽에서는 천 년만에 처음 맞는 코뿔소였다. 포르투갈의 어떤 화가가 이 코뿔소를 그려 독일에 있는 친구에게 보내주었는데 이 친구는 유명한 화가였던 알브레히트 뒤러에게 이 그림을 보여주었다. 뒤러가 이 코뿔소를 다시 공들여 묘사한 그림이 지금 대영박물관에 전시되어 있다. 포르투갈 왕은 리스본에서 코뿔소와 코끼리—이 두 동물은 자라파의 경우처럼 새끼 때 잡혀와 애완 동물로 길들여졌을 것이다—와의 싸움을 개최했지만 코뿔소의 위용에 겁을 집어먹은 코끼리가 경기장 문을 부수고 달아나 버리고 말았다.

마르세유에 정박 중이던 코뿔소는 호기심에 넘치는 프랑수아 1세의 청으로 배에서 내려 왕에게 선을 보였다. 전해 내려오는 이야기에 따르면 이후 코뿔소를 싣고 이탈리아로 향하던 배는 제노바 만에서 폭풍우를 만났다고 한다. 코뿔소는 이 와중에 바다에 빠졌고 불행 중 다행인지 바다 밑으로 수장된 줄로만 알았던 코뿔소 사체가 후에 리구리아 해안에서 발견되어 몸 속에 내장 대신 짚을 채우고 바티칸 여행길에 계속 나설 수 있었다고 한다.

몽테크리스토 백작이 수감되었던 곳으로 유명한 이프 성에는 나폴레옹을 대신해 이집트에서 군을 지휘했던 장 밥티스트 클레

9장 잠든 마르세유를 가로질러 121

베 장군의 시신도 있었다. 1800년 7월 카이로에서 암살당한 클레베의 시신을 프랑스로 운구해 오는 데는 꼬박 1년이 넘는 기간이 소요되었다. 클레베를 암살한 암살범의 시신이 파리의 자연사 박물관에 전시될 준비를 하는 동안 클레베의 시신은 고향인 스트라스부르로 안장길을 떠나기 위해 마르세유에 내려졌다. 그런데 나폴레옹과 장군 사이에 있던 적대감(클레베의 키가 크다는 사실이 나폴레옹 측의 노여움을 샀다고 한다) 때문에 시체는 이프 성에 묶이게 되었고 그 이래로 근 17년 동안이나 잊혀져 있었다.

1826년 10월 31일 화요일, 마침내 자라파는 프랑스에 첫 발을 내디뎠다. 어부를 고용하고 배를 빌림으로써 자라파와 영양 두 마리, 젖소 세 마리와 브와예 장군의 말 두 마리가 순서대로 이 두에 프라텔리 호에서 하역되어 마르세유 근교의 검역소로 이송되었다. 하역 절차를 위한 송장에는 이틀간의 배 임대비와 바늘과 실, 자, "기린과 영양에게 필요한 담요를 만들 체크 무늬 천"의 구입비가 포함되어 있었다.

다른 송장에는 하산과 아티르가 초, 기름, 땔감과 15일치의 식량을 지급받았다고 기록되어 있다. 타타위 일행이 검역 기간 중 받았던 물품들과 비교해 보면 초라한 보급품이었다. 드로베티가 우려한 바대로 젖소 한 마리가 항해 중 젖을 내지 않아 다른 젖소를 구해 자라파에게 먹일 우유를 충당했다. 동물들에게 필요한 건초도 준비했고 동물들이 머물 우리 바닥에는 짚을 깔았다. 석수와 일꾼들이 우리를 지었고 파수꾼도 세웠다.

그 동안 지사는 파리의 내무부 장관에게 전말을 보고하기 이전부터 솔선수범하여 자신의 관저 안에 신속하게 동물 우리를 지으라는 명을 내렸다. 지사가 장관에게 보내는 장황한 편지에는 요청에 따라 "기린을 다루는 방법"을 전해 드리며, 아울러 살쾡이에게 들어간 경비를 파리 동물원에서 지불하지 않았음을 기억해 주십사 하는 내용이 적혀 있었다. 지사는 추신을 통해서도 성의껏 일을 수행할 수 있도록 자금을 지원해 줄 것을 요청하고 있다.

장관께서는 내가 쏟았던 만큼이나 열의를 기울여 이 귀중한 동물을 각별히 잘 돌봐주도록 동물원 관리자에게 당부해 주시기 바랍니다. 이미 나는 기린이 거처할 멋진 장소를 물색해 두었습니다. 한낮에도 햇볕이 들지 않는 곳이지요. 이곳에서는 우리 건축이 이미 진행되고 있습니다. 각별히 신경을 써서 우리 위에는 널빤지를 덮고 짚을 덧대 놓아 보온이 되게끔 했습니다. 이 우리를 짓느라고 경비가 꽤 들어갔고 기린에게 우유를 제공할 젖소에게도 추가로 경비가 들어갈 것 같습니다. 게다가 사육사들에게도 음식이며 일용품이 필요합니다. 그 외에 들어간 경비도 적지 않습니다. ……
재정 형편이 닿는 대로 부디 자금을 지원해 주시길 부탁드립니다.

그리고 지사는 두 번째 추신에서 "방금 드로베티 씨의 조카가 전한 바에 따르면 검역소의 시설 정도라면 동물들을 돌보는 데 별

무리가 없을 거라 합니다" 하고 덧붙였다.

11월 10일 지사는 보건소의 직원으로부터 "왕립 동물원에 보낼 기린과 동물을 인도할 날짜를 알려 드립니다. 11일 금요일, 다시 말해 내일이면 모든 절차가 완료됩니다"는 통지문을 받았다.

그런데 지사의 관저에서는 아직도 "거대한" 우리가 건축 중이었던 관계로 자라파와 영양은 체크 무늬 담요를 둘러쓴 채 다음 화요일까지 검역소에서 대기해야만 했다. 한편 급히 짓고 있는 우리의 규모를 전해들은 시민들 사이에서는 도시에 입성할 거대한 동물이 위험한 동물일 것이라는 소문이 돌았다.

군중들이 몰려들 것은 누가 봐도 뻔했다. 기린이 겁을 먹을 것을 우려해 지사는 젖소와 영양만을 낮에 검역소로부터 옮기도록 지시했다. 1826년 11월 11일 이국에서 온 동물들이 시가를 행진했고 그 뒤를 사람들이 따라나섰다. 행진은 지사의 관저까지 이어졌고 영양은 불편한 몸을 무릅쓰고 대역으로나마 사람들의 호기심을 한껏 채워 주었다. 행진은 끝이 났고 즐거움을 만끽한 군중들은 뿔뿔이 흩어졌다. 가을에는 다섯시만 되면 땅거미가 지기 시작한다.

10시가 넘어 밤이 이슥해지자 하산과 아티르, 그리고 기록에는 나와 있지 않지만 경관임이 분명한 그 외의 수행원들이 자라파를 끌고 검역소를 나섰다. 말들이 자라파에게 겁을 집어먹었지만 자라파는 하산과 아티르가 이끄는 대로 말의 뒤를 따라 "잠에 빠진 마르세유 시내"를 통과했다.

자라파에게는 머리 위에 걸린 가로등과 발굽에 채여 울리는 자갈 소리가 생소하기만 한 것이었다. 앞서가던 말들이 좁은 골목에 접어들어 시야에서 사라지자 자라파는 돌연 발걸음을 멈추고 움직이려 하지 않았다. 말들이 다시 모습을 나타내자 그제서야 걸음을 옮겼다. 마르세유 학술원의 회원이었던 살즈 씨는 당시 일어난 일에 대해 다음과 같이 기록하고 있다.

기린은 잠시 모습을 감췄던 말이 다시 시야에 나타나자 평정을 되찾고 말 뒤로 바짝 다가섰다. 기린을 네 줄로 묶어 이끌던 아랍인들도 기린의 걸음에 보조를 맞췄다. 그런데 말들이 불안해하기 시작했다. 말을 타고 있던 사람이 말을 다루느라 애를 먹을 정도였다. 말은 이따금씩 자신의 엉덩이에 코를 들이미는 기린을 못 견뎌 하고 있었다. 기린은 한길을 몇 개 지나는 동안 나뭇가지 위로 목을 뻗으면서도 시야에서 말을 놓치지 않으려 했다. 그렇게 기린은 꾸준히 우리를 향해 나아갔다.

  기린을 찬찬히 뜯어보면 우아한 멋은 없다. 몸통은 짧고 다리는 안짱다리인 데다가 목은 볼품 없이 길기만 하다. 등은 경사가 져 있고 둥근 엉덩이며 민숭민숭한 긴 꼬리도 볼썽사나울 정도다. 요컨대 전체적으로 생김새가 균형이 맞질 않는다. 흡사 다리 위에 몸체를 부위별로 대강 얹어놓은 것처럼 부조화스럽다. 그런데도 기린을 보고 있노라면 놀라움을 금할 길이 없다. 어찌된 이유에선지 기린이 아름답게만 느껴지는 것이다.

10
기린 환영 만찬

자라파가 유럽에 도착하기 이전까지 유럽 사람들은 근 350년 동안 살아 있는 기린을 보지 못했다. 파리의 국립 자연사 박물관이 소금에 절인 기린 한 마리를 받아 본 적이 있었지만 부패가 심해 과학자들이 이 표본을 짜맞출 도리가 없었다. 호기심의 시대가 열리고 만물이 새롭게 조망되어 일시적으로나마 경이의 대상으로 부각되자—천진한 과학자들의 노력과 나폴레옹 시대를 거치며 찾아온 평화 덕에 유럽인들은 경이의 대상을 좇느라 온통 마음을 빼앗겼다. 요즘 사람들의 눈으로 보면 마치 집단적인 정신 착란에라도 빠진 듯 보일 정도였다—이 순간 등장한 자라파에게 사람들은 관심을 집중시켰다.

지사와 부인(드로베티의 부하인 카이로의 부영사가 부인을 위해 앵무새를 선물했다)의 귀빈이었던 자라파는 특별히 마련된 거처에서 겨울을 났다. "키가 큰" 영양 한 쌍도 지사가 자신의 관저 안에 친히 마련해 준 양지 바른 우리에서 묵었다. 젖소 네 마리도 관저 안에서 묵었으나 이집트에서 온 젖소 한 마리는 끝내 젖을 내지 못했다. 자라파를 브와예 장군의 억센 말 두 마리와 떼어놓기 위해 칸막이도 달았다. 드로베티가 조언한 대로 난로를 설치하지 않았기 때문에 우리는 창 두 개와 커다란 유리문 하나로 채광을 했고 온기도 동물의 체온으로 유지했다.

젖 짜는 일은 소 관리인이 맡았다. 젖소는 가죽끈으로 묶어 지사의 관저 마당에 붙들어맬 수 있도록 했고, 날씨가 따뜻한 날에는 기린을 인도해 야외로 산책을 나가도록 했다. 자라파의 목에는 깃을 대었고 기다란 가죽끈을 두 줄 매어 하산과 아티르가 한 줄씩 붙들고 산책을 시켰다. 훗날 자라파가 파리에서 아티르와 둘이서만 기거하게 되었을 때에도 자라파를 산책시키는 데 너댓 명의 관리인이 동원되었다.

"이집트에서 온" 하산과 아티르는 동물들과 함께 우리에서 겨울을 났다. 지사는 15일간에 걸친 검역이 끝나자 남은 건초와 곡물들 외에도 하산과 아티르의 물건들을 옮겨오도록 지시했다. 그들이 쓸 간이 침대와 침구도 마련되었다. (지금은 이름조차 알 수 없게 된 다른 두 명의 아랍인들은 검역소 기록에는 나타나지 않는다. 다만 여기저기 산재되어 있는 기록들에서 "동물들을 수행한 후 곧 이집트로 돌아간 두 명의 아랍인" 정도로 등장할 뿐이다.) 이들에게는 불을 밝힐 램프 두 개와 기름이 지급되었다. 마르세유에 체류하는 동안 하산과 아티르는 음식을 포함한 일용품을 지급받았는데 이 경비로 한 달에 46.5프랑이 소요되었다. 또 마르세유에 체류하면서부터 파리에 도착할 때까지 급료도 받았다. 하산에게는 매달 30

프랑이 지급되었고 아티르에게는 20프랑이 지급되었다. 소 사육사에게도 매달 30프랑이 지급되었다. 당시의 미화로 치자면 대략 5달러 정도의 금액이었다.

마르세유 학술원의 살즈 씨와 동료 학자들은 "어린 기린"에 대한 연구에 즉각 돌입했다. 그들은 변을 분석하는 등 머리끝에서 발끝까지 면밀히 기린을 조사했다. 연구진이 하산과 아티르와 면담을 할 때는 드로베티의 조카가 통역을 맡았다. 지사는 자라파를 검역소로부터 인도받아 보호할 수 있도록 허락된 세 통의 송장을 받았다. 송장과 함께 첨부된 편지는 "이 경우······ 살쾡이에 소요된 경비를 우리 검역소 측에서 지불하지 않았음을 귀하에게 보고 드릴 의무는 없음을 알려 드립니다"는 구절로 끝을 맺고 있다.

자라파를 인도받은 지 나흘째 되던 날, 지사는 파리의 내무부 장관에게 다음과 같은 편지를 보냈다.

이 기린은 정말로 멋진 놈입니다. 먼 길을 항해하느라 소진된 기력도 검역소에서 완전히 회복되었지요.······ 이 기린은 '암놈으로 키는 3미터 40센티미터나 됩니다(살즈가 기린의 키를 정밀하게 잰 결과 3미터 50센티미터임이 밝혀졌다).······ 그런데 기린을 보호하는 일이 무엇보다 어렵군요.······ 내 자신이 기린으로부터 잠시도 눈을 뗄 수가 없고 또 기린(그리고 다른 동물들)을 보호하는 데 드는 엄청난 경비를 최대한 줄이려고 노력하고 있습니다.

당시의 기록을 보면 자라파는 "아름다운 이집트인", "아름다운 아프리카인", "열대의 아이" 등으로 불렸으며 마르세유 시민 전체가 자라파를 보고 싶어했음을 알 수 있다. 처음에 지사는 살즈와 학자들의 관찰 결과에 근거해 사람들이 기린에 접근하는 것을 제한했다. "기린은 간절히 우리 밖으로 나서고 싶어한다. 가끔 날씨가 화창해지면 지사 관저의 마당을 거닐도록 하는데 그럴 때면 이 놈이 혈기왕성한 말처럼 뛰어오른다. …… 이따금씩 기린은 땅을 차고 올라 놈을 이끌던 아랍인 넷을 오히려 끌고 다닌다. 흥에 겨워 장정 다섯을 거뜬히 끌고 다니는 경우도 보았다."

1826년 11월 28일 왕립 동물원의 상급 기관인 파리의 국립 자연사 박물관 소속의 학자와 행정관들이 감사와 호기심이 담뿍 담긴 편지를 보내 왔다.

이집트 부왕이 폐하께 보낸 동물이야말로 무엇과도 비길 수 없는 귀한 선물입니다. 프랑스에서는 살아 있는 기린을 본 전례가 없고 문명화된 유럽을 통틀어도 지난 18세기 동안 기린을 산 채로 목격한 일이 없습니다(생틸레르와 달리 이 편지를 보낸 사람들은 15세기에 피렌체로 기린 한 마리가 보내졌다는 사실을 모르고 있었다). …… 우리는 이 귀중한 동물이 어린 놈인지, 덩치는 큰 놈인지, 혹은 건강 상태는 양호한지, 길들인 놈인지 전혀 아는 바가 없습니다. 번거로우시더라도 세세한 사항을 우리에게 알려 주시기를 부탁드립니다. 그럴 리야 없겠지만 만에 하나 기린이 죽을 경우를 대비해 기린의 생김새와 머리 형태를 여러 각도에서 그린 채색화를 남겨 주시기 바랍니다. 기린이 파리에 도착하기 전에 죽어 버리는 불행한 일이 생긴다면 이 채색화와 뼈와 가죽으로라도 적으나마 위안을 받을 수 있겠지요.

그 해 겨울은 프랑스 남부의 기후치고는 유난히 추웠다. 영양 두 마리는 우리에 감금되어 있느라 고통을 받았는데, 수놈은 좀체 말을 들으려고 하지 않아 암놈에게도 위해를 가할 정도였고, 암놈도 비대해져만 갔다.

그러나 자라파만은 시종일관 건강했다. 크리스마스를 며칠 앞둔 어느 날, 살즈는 16쪽에 달하는 〈기린 관찰 보고서〉를 끝마쳤다. 보고서에는 자라파가 건강하며 명랑하고 활기에 넘쳐 나지만 소리는 낼 수 없다는 내용이 있었다.

이 동물은 성격이 몹시도 점잖아서 화를 내거나 적대감을 드러내는 법이 없다. 기린이 자신을 돌보는 아랍인을 알아보긴 해도 유독 아랍인만을 따르지는 않는다. 누가 다가와도 개의치 않지만 손을 대는 일은 반기지 않는다. 무언가에 놀라거나 심할 정도로 귀찮게 굴 때에는 발길질을 해 방어를 하려 든다. 이럴 경우에도 기린은 머리나 뿔로 무엇을 받으려 하기보다는 그저 머리를 높이 쳐들어 피하려고 할 뿐이다. 기린은 이따금씩 자신을 돌보는 아랍인의 얼굴이나 손, 옷을 핥기도 한다. 낯선 사람을 핥는 경우도 있고 다가오는 사람에게 코를 킁킁거리며 냄새를 맡는 경우도 있다. 물론 기린이 놀랄 때도 있고 소음에 민감하게 반응할 때도 있지만, 아무리 많은 사람들이 자신의 주변으로 접근해 와도 놀라는 기색을 전혀 보이지 않는다(그러나 기린은 우유를 먹을 때 사람들이 쳐다보는 것은 수줍어한다).

기린에 대한 이렇게 모순되는 분석 결과 때문에 살즈는 기린이 동물학적으로 이치에 닿지 않는 종이며 자연의 예외적인 변종이라고 생각했다. 사람을 따르는 자라파의 성격이 호기심을 더욱 부추겼다. 기린은 성격이 좋아 다른 동물에게도 싹싹하게 굴었지만 그에 합당한 대접은 받지 못했다. 말들은 기린을 두려워했고, 산책 때마다 쫓아나선 젖소들은 기린에게 무관심했다. 기린은 타향살이의 비애를 맛보아야 했다.

그 즈음 지사와 지사 부인은 조촐한 만찬을 개최했는데 이 만찬의 하이라이트는 추위와 비와 바람을 피해 두껍게 옷을 껴 입고 대기하고 있는 손님들 앞으로 자라파가 제등을 따라 마당을 가로질러 모습을 드러내는 순간이었다.

희미하게 불을 밝힌 이곳에서 전혀 다른 세계와 정취가 서로 조우하는 장면을 그려보도록 하자. 프랑스 혁명과 나폴레옹 전쟁에서 살아 남은 고관과 지방의 졸부들과 귀족들 앞으로 기린이 나아간다. 그러면 비단옷을 나풀거리던 부인들이 향수 뿌린 장신구며 옷가지를 벗어 던지며 매력적인 기린에게 일제히 환호를 보낸다. 심술궂은 영양과 젖소, 잘라비야[아랍의 전통 의상—옮긴이]를 입고 터번을 두른 흑인 아티르와 베두인 하산에게도 환호가 쏟아진다. 이렇게 펼쳐진 만찬이야말로 생생하게 살아 있는 유물 전시관이었다.

유럽 사람들이 기린에 열광하고 있는 동안 무슬림들은 옷을 벗어젖힌 부인들을 보고 경악했다. 타타위는 마르세유 부인들의 조신하지 못한 몸가짐을 보고 차마 자신의 두 눈을 믿지 못했다. 그러나 한편으로는 다음의 글로 미루어 보건대 흥미도 꽤나 동했던 모양이다. "이 나라의 부인들은 얼굴이며 머리며 가슴이며 할 것 없이 온통 드러내 놓고 다닌다. 팔이며 어깨를 드러내는 것은 말할 필요도 없다. 원칙적으로 물건을 사는 일은 여자 몫이지만 남자들이 물건을 사기도 한다. 그래서 상점이나 카페 등 이들이 몰릴 만한 곳이면 어디든지 볼거리가 널려 있다."

살즈가 〈기린 관찰 보고서〉에서 자라파를 두고 여성을 매료시키는 남성 같다고 했던 것은 예상치 못한 결과 때문이었다. "기린을 주의 깊게 관찰해도 그 생김새나 태도에 대해 분명하게 기억을 할 수 없다는 사실이 당혹스럽다. 이 때문에 사람들은 되풀이해서 기린을 보고 싶어하는 것 같다. 매번 볼 때마다 기린에게서 새로운 사실을 알아내는 것이다."

살즈는 추신에서 자라파가 검역소를 떠난 이후 35일 동안 키가 4센티미터나 컸다고 덧붙이고 있다.

1827년 1월 5일, 지사는 국립 자연사 박물관의 행정관에게 비용을 청구하는 송장을 보내면서 "기린은 최상의 컨디션을 유지하고 있다"고 보고했다. 그는 꼼꼼한 관리답게 경우를 갖춰 살즈가

"공들여" 작성한 보고서와 자라파의 채색화를 동봉했다.

지사는 장차 동물들을 파리로 이송시킬 문제에 대해서도 나름대로의 견해를 피력했다. 순조로웠던 지중해 항해와는 달리 기린이 지브롤터 해협을 건너 에스파냐를 우회해 북쪽의 르아브르 항까지 항해하기에는 너무 위험하다는 것이었다. 그렇다고 기린이 걸어서 북으로 여행할 수도 없다고 했다. 그런 여행을 감당하려면 강인한 체력이 필요할 뿐더러 "도로 여건상 온갖 장애에 부딪힐 수 있고 호기심에 가득 찬 군중들도 문제"라는 것이었다. 대신 그는 배를 이용해 론 강을 거슬러 오르는 방법을 제안했다.

지사의 이런 제안에 대해 행정관들은 묵묵부답이었고, 다만 살즈의 연구 보고서를 보내준 데 고마움을 느끼며 이 보고서에 흡족해 한 내무부 장관이 경비 일체를 부담하기로 했다는 답신을 보냈을 뿐이다.

비상한 감각과 관찰력으로 얻어낸 귀중한 정보로 가득 찬 이 연구 보고서에 장관은 깊은 관심을 보이셨습니다. 우리는 장관에게 기린의 모습이 그려진 채색화도 보여 드리려고 합니다. 이렇게까지 힘을 써주신 데 대해 무어라 말할 수 없는 감사를 표합니다. 과학과 박물관의 장래가 달려 있는 이런 문제에 대해 친절하게도 노고를 기울여 주신 데 대해 다시 한 번 감사의 마음을 전합니다.

드로베티나 지사, 살즈가 그랬듯 내무부 장관이 자라파의 또 다른 후원자로 나선 것이다. 이제 경비 따위는 더 이상 문제될 것이 없었다.

2월이 끝나갈 무렵이 되자 자라파의 산책은 대중적인 행사로 발전했다. 포근한 날이면 정오에 지사 관저의 문이 열리고, 우유를 짜던 소 관리인이 소를 풀어놓았다. 그러면 여섯 명의 관리인에게 둘러싸인 기린이 소를 따라나섰다. 날씨가 점차 포근해지면서 산책 시간을 한 시간으로 늘렸지만 호기심에 가득 차 몰려나온 군중들 때문에 산책이 엉망이 되었다. 보다 못한 지사는 3월 3일 경찰서장에게 기린을 호위할 경관 두 명을 배치해 줄 것을 요구하는 편지를 썼다.

기린이 산책을 나설 때면 마차를 끄는 마부들에게 미리 주의를 주었지만 그래도 사고를 완전히 예방할 수는 없었다. 기린의 모습을 보고 놀란 말들이 날뛰는 바람에 노새 한 마리가 다치고 마차 두 대가 부서지는 사고가 일어났다. 지사는 6월 이 사건을 매듭짓고 나서야 파리의 관리들에게 사건의 전말을 보고했다. 기린이 산책하기 전에 미리 경고를 했던 탓에 보상 의무는 없었지만 사람 좋은 지사는 사태를 원만히 수습하려 했고, 또 "기린을 맡은 관리인들이 곤경에 처해서는 안 된다"는 이유로 마부가 보상을 받을 수 있도록 조치했다.

3월 말 지사는 파리 자연사 박물관의 학자들에게 "영양 암놈이 죽고 말았습니다. 가죽과 뼈는 보관하도록 일러두었습니다"는 내용의 보고를 했다. 부검을 마친 수의사는 암놈이 수놈의 뿔에 받혀 상처를 입은 데다가 비만과 위염이 복합적으로 작용해 급기야 3월 4일 숨을 거두고 말았다는 진단을 내렸다.

봄이 가까워 오자 지사, 드로베티, 학자들 사이에 자라파를 파리까지 어떻게 옮길 것인지 하는 문제를 논의하는 서신이 오고갔다. 그 때까지 프랑스에는 철도가 가설되지 않았지만(1837년이 되어서야 파리에서 생제르맹앙레까지 32킬로미터 길을 연결하는 최초의 철도가 가설되었다), 대신 프랑스에는 유럽에서 상태가 가장 양호한 연장 4만 8천 킬로미터가 넘는 자갈길이 있었다. 그러나 알렉산드리아로 막 돌아온 조카로부터 지사의 문의 사항을 전달받은 드로베티는 기린에게나 수행원에게나 "도로 여행"은 너무 위험하다며 이 방법을 반대했다. 그는 론 강 역시 물살이 거세므로 바다를 통해 배로 르아브르까지 옮기는 방법이 좋겠다고 의사를 표명했다.

3월 15일, 학자들은 지사에게 거듭 고마움을 표시하면서, 기린은 과학과 동물원에 꼭 필요한 존재이며, 내무부 장관뿐 아니라 "누구보다 폐하께서 친히 이 귀중한 동물의 안전"에 깊은 관심을 보이고 계시다며, "과연 어떻게 하면 이 기린을 파리까지 옮겨올 수 있을지," "이 작업을 수행할 능력이 있는 전문가를 파리에서 파견하는 것에 대해 지사의 의견은 어떤신지" 문의하는 편지를 보냈다.

이 편지는 그 때 마르세유에 머물고 있던 순회 동물원의 소유자 폴리토라는 사람에 대해서도 언급을 하고 있다. 폴리토는 기린의 산책 장면을 목격하고는 기린 수송에 참여하고 싶다는 편지를 파리로 보냈다. 학자들은 그를 못미더워해 "기린을 수송한답시고 관람료나 챙기는 짓은 폐하께서 직접 소유하고 계신 동물에 전혀 합당한 태도가 아니다"고 하면서도 동물들을 이송시켜 본 그의 경험으로부터 무언가 얻을 수 있는 것이 있을지 모르겠다며 지사에게 이 사람을 한번 만나보도록 요청했다.

파리에서 마르세유까지 편지가 도착하는 데는 수일이 걸렸다. 학자들이 보낸 편지를 미처 받지 못한 지사는 3월 19일, 자신은 자라파를 파리까지 이동시키는 데 육로를 택하는 것이 최선의 방법이라고 생각한다며 그 이유를 적은 편지를 파리로 보냈다.

기린은 늘 활력에 차 있습니다. 도시 밖으로 먼 거리를 산책해도 감기에 걸리는 법이 없고요. 잘 알고 계시겠지만 기린에게 운동은 꼭 필요한 일입니다. 기린을 산책시킬 때면 여섯 명의 관리인이 따라나서는데 이들이 이끄는 대로 그렇게 고분고분하게 말을 잘 들을 수가 없습니다. 또 앞세운 젖소들도 잘 따라다닙니다. 요란한 소리가 들려오거나 마차가 지나가도, 호기심에 몰려든 군중들이 다가와도 기린은 개의치 않습니다. 기린과 우연히 마주친 동물들도 이제는 놀라는 법이 없습니다. 이런 정황들을 종합해 볼 때 무리만 하지 않는다면 기린이 파리까지 충분히 여행할 수 있다고 확신합니다. 육로 여행보다 좋은 방법은 없을 듯합니다. 지난번에 제안했던 강을 통한 운송에는 몇 가지 난점이 있습니다. 기린이 배에 오르내리느라 다칠 염려도 있고요. …… 이번 일을 총괄할 능력이 있는 사람이 있으면 부디 한 사람 파견해 주시길 바랍니다. 기린이 출발하기 전에 미리 와서 놈의 습성을 살펴보는 것도 좋은 방법일 듯싶습니다.

이로부터 한 주가 지난 3월 26일, 지사는 "대중들의 호기심을 채워줄 구경거리를 만들자"는 폴리토의 제안을 거절했으며, "강행군만 하지 않는다면 기린이 파리까지 걸어가는 데에는 무리가 없겠지만, 그러려면 그 일을 총괄할 능력 있는 사람이 꼭 필요합니다. 이런 사람을 서둘러 보내주십시오. 기린이 출발하기 전에 기린의 습성을 알아야 할 것이고, 또 몇 가지 준비도 해야 합니다" 하고 다시 편지를 보냈다.

11
생틸레르의 행복한 나날

빌뇌브 바르주몽 백작은 파리에서 파견한 "능력 있는 사람"이 19세기 유럽의 가장 저명한 학자인 에티엔느 조프루아 생틸레르일 줄은 미처 몰랐다.

어린 시절부터 성격이 섬세했고 포부가 컸던 생틸레르는 성직자의 길을 포기하고 과학에 매진했다. 그의 부친은 그가 열여덟 살이 되던 해에 앞길이 보장된 법학 공부도 겸한다는 조건으로 파리에서 의학 공부를 하는 것을 허락했다. 그는 채 일 년도 못 되어 법학 공부를 마치고 변호사 자격증을 땄지만 과학에 빠진 그는 이 분야에 종사할 생각이 추호도 없었다. 그가 스물한 살이 되던 해에 국립 자연사 박물관이 설립되었고 그는 이곳의 최연소 교수로 선출되었다. 신학에서 시작한 그의 조숙한 지적 경력이 법학과 약학을 거쳐 동물학에까지 이른 것이다.

프랑스 혁명으로 왕립 식물원이었던 파리 의과대학에서 박물관이 분리되어 나왔다. 파리 식물원으로 개명을 한 박물관은 연구와

에티엔느 조프루아 생틸레르

학습을 담당하는 계몽 기관으로서 입지를 다져 나가는 한편, 원장을 맡았던 조르주 루이 르클레르 뷔퐁의 기대대로 "유럽 과학의 등대" 역할을 충실히 떠맡았다. 젊은 생틸레르는 '사지류(四肢類), 고래, 조류, 파충류, 어류 분과 의장직'을 맡았다. 세계 최초의 시영 동물원이 생기기 전까지 그는 주로 동물을 채집해 해부하고 방부 처리해 보관하거나 뼈를 맞추는 작업을 했다. 뒤를 이어 동물학자가 된 그의 아들은 아버지의 전기에서 역사적인 동물원이 설립된 계기를 밝히고 있다.

(폭도들이 튈르리 궁전을 습격했던 1792년) 8월 10일부터 베르사유 궁전의 동물원이 습격을 당했다. 폭도들은 낙타를 비롯한 동물들

과 온갖 새를 잡아 구워 먹거나 푼돈에 팔아 넘겼다. 인도 코뿔소 한 마리와 사자 한 마리를 포함해 고작 다섯 마리의 동물만이 살아남을 수 있었다. 하지만 여전히 고비가 남아 있었다. 왕의 소유물이었던 이 동물들이 폭군의 유물로 간주된 것이다. 게다가 이 동물들은 달리 쓸모도 없고 먹이만 축내는 데다가 위험하기까지 했다. 결국 모두 죽이기로 결정되었고 재무장관은 동물 뼈를 식물원에 제공하기로 했다.

루이 16세가 식물원의 사무장으로 임명한(그의 마지막 업적이었다) 베르나르댕 드 생 피에르는 베르사유 궁전의 동물들을 죽이기로 한 대표자 회의의 결정은 과학에 대한 범죄 행위라고 비난하며 동물들을 죽이는 것에 반대했다. 그는 이 동물들을 식물원으로 옮길 것을 요구했다. 그러면 이 동물들을 기반으로 해서 동물원을 설립할 수 있을 터인데 이는 국가의 명예와도 직결되는 일이며 자연과학이나 교양과학의 연구에도 꼭 필요한 일이라고 주장했다. …… 결국 동물 측 변호인이 승소함으로써 동물들은 목숨을 부지할 수 있었다.

동물들은 이렇게 해서 한 고비를 넘기긴 했어도 목숨을 온전히 보장받은 상태는 아니었다. 생틸레르가 맡고 있던 동물학 분과는 아직까지 자리를 잡지 못해 시설도 갖추지 못했고 직원도 없었으며 기금도 지원받지 못한 채로 답보 상태에 있었다. 그런데 느닷없이 집행유예 중인 사자 한 마리와 코뿔소 한 마리, 그 외에도 동물 세 마리를 떠맡게 된 것이었다. 또 사자와 같은 우리에서 살던

개 한 마리도 있었다(타타위는 상처로 고통받는 사자를 개가 우리 창살 사이로 혀를 내밀어 핥아 주고 안정시켜 줌으로써 싹텄던 묘한 우정에 대한 19세기 때의 이야기를 자세히 전해주고 있다).

박물관이 설립되고 나서 다섯 달이 지난 11월 4일 생틸레르는 경관으로부터 백곰 한 마리와 표범 한 마리 그리고 순회 곡마단으로부터 압류한 동물들을 수령해 가라는 호출을 받았다. 그는 그 이후로도 경찰이 개인 동물원으로부터 몰수한 백곰, 비비, 호랑이 한 마리씩과 독수리 두 마리를 인수했다. 동물들도 인도주의의 혜택을 본 것이다. 당시 파리에서는 순회 곡마단 두 곳이 문을 닫았는데 곡마단의 동물들은 생틸레르에게 인계되었다. 거리의 예능인으로 길들여진 곰이나 원숭이 같은 동물들도 착취에서 벗어난 것이다.

박물관은 국가 기구로 승격되었다. 생틸레르는 경찰이 몰수한 동물들을 인계받을 의무는 없었지만 동물들을 돌보아 주겠다고 흔쾌히 응했다. 이렇게 해서 우리가 늘어선 박물관 안마당이 공공 전시관으로 변모했다. 이로부터 60년이 지나 생틸레르의 아들이 한 말마따나, 파리 동물원은, "기쁜 마음으로 이 일을 맡았을 뿐만 아니라 동료들을 설득해 함께 참여하도록 한 아버지의 무모함" 덕분에 출범할 수 있었다.

혁명 정부는 동물을 몰수한 데 따른 보상을 동물 소유주들에게 해주었다. 동물의 소유권을 박탈당한 사람들 중에는 동물원의 관리인으로 고용되어 자신의 동물을 돌보았던 사람들도 있었다.

5년 후 26세가 된 생틸레르는 학술단의 일원으로 나폴레옹의 이집트 원정에 따라나섰다. 그의 스승이었던 클로드 루이 베르톨레와 가스파르 몽주가 "동지여 갑시다. 우리의 장군 보나파르트를 따라서"라며 생틸레르를 천거한 것이다. 나폴레옹과 생틸레르의 나이는 고작 세 살밖에 차이가 나지 않았다. 어느 날 생틸레르와 몽주를 대동하고 피라미드의 모카탐 채석장을 조사하던 나폴레옹이 비탄스런 어조로 과학의 길을 걷지 못한 데 대해 한탄을 했다. 나폴레옹이 몽주에게 한 다음의 말을 생틸레르는 평생 잊지 못했다. "나는 유럽을 정복했소. 알렉산드로스가 된 것이오. 하지만 난 뉴턴이 되길 더 바랐다오."

당시 다른 사람들도 그랬듯 이집트에서 군대와 함께 보낸 3년간은 생틸레르에게 기이한 것에 대해 연구를 할 수 있었고, 동지애를 맛볼 수 있었던 꿈 같은 시절이었다. 아들은 전기에서 아버지의 이집트 생활은 "행복한 나날의 연속"이었다고 쓰고 있다. 그는 나일 강의 악어를 연구했는데 이 작업은 장차 간행될 《이집트지》에 큰 기여를 했다. 생틸레르는 "이집트 문명만큼이나 유래가 오래된" 이집트의 뱀 묘기 쇼에 흥미를 느끼기도 했다. 또 그는 원주민들 사이에 흔했던 풍토병인 안염에 걸렸으나 기적적으로 회복되어 29시간만에 시력을 되찾을 수 있었다.

1801년 프랑스군이 영국군에 항복을 하자 영국은 학술단이 목숨을 걸고 모은 수집품을 몰수했다. 학술단은 양도를 거부했고, 학술단을 대표해 생틸레르는, 자신들은 포로가 되어 수집품을 따라 영국까지 가겠노라 결심했다고 군 당국에 알렸다.

압달라 므누 장군은 클레베에게 프랑스군의 지휘권을 맡겼다.

귀족 출신인 므누는 아랍 여인과 결혼하기 위해 이슬람으로 개종하고 이름[자크 프랑수아 드 부세—옮긴이]도 개명했다(압달라라는 말은 '신의 종복'이란 뜻이다). 그는 그녀가 부유한 집안 출신이라고 생각했던 것이다. 그러나 장인은 목욕탕 주인에 불과했고 이 때문에 그는 전 부대의 웃음거리가 되었다. 므누의 참모진은 노골적으로 그를 비웃었는데 브와예는 이 때문에 명령 불복종죄로 체포되기까지 했다.

므누는 로제타석이 자신에게 소유권이 있다고 주장했으나, 학술단의 작업에는 무관심했다. 그는 영국의 사령관 J. H. 허친슨에게 다음과 같은 보고를 했다. "학자들은 자신들이 모은 씨앗, 광물, 새, 나비, 파충류들이 향하는 곳이면 어디든 따라나서겠다고 합니다. 이들이 굳이 짐짝 취급을 받아 가며 왜 이런 짓을 하는지는 모르겠으나 아무튼 그들이 그러기로 한다면 저로서는 막을 도리가 없습니다."

생틸레르는 열한 살 때 할머니로부터 선물받은 플루타르코스의 《영웅전》을 읽고 깊은 감동을 받았다. 이미 귀족들의 사냥터와 동물원으로 훼손되어 가고 있던 숲을 온전히 보존해 내고 사자를 구해낸 경험이 있었던 29세의 생틸레르는 허친슨에게 자신의 입장을 분명히 밝혔다. "우리 학술단이 없다면 이 유물들은 그 누구도, 당신이나 당신네 학자들 어느 누구도 이해하지 못하는 낙서에 불과할 뿐이오. …… 당신네들이 이런 식으로 부정하게 약탈해 가려 한다면 우리도 좌시하지 않을 것이오. 잘게 부수어 사막과 바다에 던져 버리고 말겠소. 차라리 우리 손으로 태워 없애버릴 것이오. 당신이 추구하는 것이 오직 영예라면, 그렇소, 당신은 그 영예를 역사의 평가에 맡겨야 할 것이오. 당신은 알렉산드리아 도서관을 불태우고 있는 것이오."

허친슨은 학술단에게 그들의 수집품을 되돌려 주었다. 수집품 중에는 후에 샹폴리옹으로 하여금 상형 문자를 해독하도록 자극을 준 물리학자이자 정치가인 조셉 푸리에의 소장품도 있었다. 그러나 므누가 영국군에게 양도했던 로제타석은 런던으로 옮겨져 지금까지도 대영박물관에 전시되어 있다.

생틸레르는 이집트로 항해하던 도중 상어와 방어간의 공생관계에 깊은 흥미를 느끼게 되었다. 나일 강을 탐험하던 그는 악어와 새 사이에도 공생관계가 있음을 알아냈다. 생틸레르는 베르사유 동물원에서 인계받은 사자와 개가 같은 우리를 사용한다는 사실을 목격한 이후부터 전혀 유연관계가 없는 종들 사이에서 볼 수 있는 이런 상호관계—악어는 쉽게 잡아먹을 수 있는 새들에게 도움을 주고 또 도움을 받는다—에 당혹감을 느꼈다. 이 개가 병으로 죽자 다른 개를 우리에 넣어 주었는데 사자는 혼비백산한 이 개를 앞발로 쳐 단숨에 죽여 버렸다. 아마도 이 개는 스스로의 명을 재촉했던 것 같다. 사자는 다음에 들어온 용맹한 개는 친구로 삼았기 때문이다.

이 시대에는 사나운 맹수까지 포함해 동물들도 일종의 선택의 자유를 누린다고 생각했다. 생틸레르와 함께 박물관에서 연구했던 장 밥티스트 라마르크(생물학자로 식물원의 연구원이기도 했다)는 새로운 진화론을 발표했다. 그의 진화론은 전형적인 계몽주의적 낙관론을 피력한 것으로, 그 요지는 획득된 형질이 유전된다는 것이었다(역기 선수는 더 강한 아들을 낳을 수 있고, 기린의 옛 조상들은 나뭇잎을 따먹기 좋도록 목 길이를 늘렸다는 것이다). 그 후 근 50년의 세월이 흘러서야 다윈이 라마르크의 획득 형질 유전론— 용불용설—을 적자생존론을 통해 교정할 수 있었다.

스물두 살의 다윈이 비글 호를 타고 항해를 떠나기 전인 1830년에 생틸레르는 모든 유전적 변이는 신의 섭리 때문이라는 퀴비에의 주장에 반대해 라마르크의 용불용설을 옹호했다. 괴테는 생틸레르와 퀴비에 사이에 벌어진 논쟁을 유럽사에서 가장 중요한 사건이라고 평했지만 사실 이 논쟁은 신학적 논쟁만은 아니었다. 생틸레르의 연구는 신학에 대응하고자 한 것이 아니라 오히려 신학으로부터 나온 것이었다. 박애주의적 진보를 지향했던 계몽주의 과학은 아직까지는 신학에 위기감을 초래할 정도는 아니었다. 19세기 초의 지성인들은 여전히 신에게서 의문점을 구했고 신으로부터 답을 찾아냈다(1831년 12월 27일 박물학자로 비글 호에 탑승했던 다윈의 임무는 성경에 나와 있는 천지창조의 증거를 알아내는 일이었다. 자라파가 죽은 해인 1845년 다윈은 발표를 미루고 있던 자신의 이론이 함축하고 있는 사실에 두려움을 느끼고 있었다. 그는 그것이 "흡사 살인죄를 고백하는 것과 같았다"고 회상했다).

계몽주의적 연구가 신과 관련되어 있음은 생틸레르의 연구에서도 볼 수 있다. 그는 악어나 돌연변이 종의 성공에 대해 유전자의 역할이 과장되어 있다고 생각했다('이상 태아'를 다룬 그의 논문 중에는 샴쌍둥이에 관한 것이 있는데 그는 샴쌍둥이가 "개나 양 같은 동물과 수간"한 결과라고 했다). 기형학의 창시자인 생틸레르는 기형적인 것이 정상적인 것의 발달을 해명해 줄 수 있다고 믿었다. 소위 자연의 변덕에 대해 연구하면 기형을 더 이상 운명적인 것으로 받아들이지 않을 수 있다는 것이었다.

이집트에서 귀환한 후 근 30년 동안 종과 이상형 사이의 상호관계를 연구해 온 생틸레르는 뜻밖에도 자라파와 함께 여행을 하게 되었다. 억센 야생 동물이면서도 고분고분하게 사람을 따르는 자라파는 어느 면으로 보아도 특이한 동물이었다. 이제 쉰다섯이 된 저명한 과학자 생틸레르는 통풍과 류머티즘으로 고통을 받고 있어 외관상으로는 평범한 노인네에 불과했다.

1827년 4월 말이 되자 프랑스 남부에는 봄기운이 완연해졌다. 생틸레르의 도착을 고대하던 빌뇌브 바르주몽 백작은 그가 아직도 도착하지 못하고 있는 데 초조감을 보였다. 그러나 지사는 외교관 특유의 낙관적인 자세로 박물관 학자들과 방침에 대해 논의했다. 그는 북쪽의 기후도 점차 따뜻해질 것이므로 여름이 오기 전에 자라파를 출발시키는 것이 좋겠다는 제안을 했다.

지사는 학자들을 안심시켰다. "이 기린의 몸 상태는 최상입니다. 기후도 좋고, 푸릇푸릇 싹이 돋아난 들판도 쾌적감을 주어 기린이 명랑한 기분으로 여행을 할 수 있을 겁니다. 세심히 돌봐준다면 이 귀중한 동물이 무사히 동물원에 도착할 수 있다고 장담합니다."

지사는 생틸레르를 기다리는 동안에도 지방의 후작인 사촌으로부터 선물받은 야생양―코르시카와 사르데냐가 원산지로 크고 굽은 뿔이 난다―을 보호하고 있었다.

파리를 출발해 마르세유로 오던 생틸레르는 자신이 "과학의 제2 중심지"라고 했던 몽펠리에에 들러 쿡 선장이 활약하기 50년 전에 과학자들이 남태평양에서 채집해 온 "귀중한 물고기 표본"을 돌려받기 위한 협상을 벌였다. 파리 박물관은 이 표본을 되돌려 받기 위해 오래도록 노력을 기울여 왔으나 번번이 실패하고 말았다. 이전까지 몽펠리에의 학자들이 이 표본을 나누어 주길 거부했던 탓에 생틸레르의 "요구 역시 거절되리라고 예상"됐다. 그러나 그는 학자들을 개별적으로 만나 집요하게 요구한 결과 마침내 이 표본을 받아낼 수 있었다. 그는 이곳에서 자신이 최근 펴낸 책에 대해 이곳의 학자들과 토론회를 개최하기도 했다.

생틸레르는 1827년 5월 4일에 마르세유에 도착했다. 성의껏 기린을 돌보고 있던 지사는 정부가 기린을 여행시키는 데 그토록 유명한 학자를 파견해 준 데 대해 행복감을 느낄 정도였다. 이 두 사람은 격의 없는 친구 사이가 되어 기린에 얼마나 큰 애정을 느끼고 있는지 하는 내용의 편지들을 주고받았다.

생틸레르는 기린의 산책을 따라나서면서 "이 거대한 동물의 외양과 습성을" 사흘간에 걸쳐 살핀 결과 걸어서 9백 킬로미터의 여행을 할 수 있으리라는 확신을 갖게 되었다. "이 동물이 피로로 죽게 된다면 나는 용서를 받을 길이 없다. 이런 일이 생기지 말라는 법은 없다. 그러나 모든 가능성을 고려해 본 결과 이 기린이 파리까지 무사히 여행할 수 있으리라고 확신하고 있다."

그는 이후 12일 동안 자라파의 수송에 필요한 명세서와 지령서, 여행 일정표, 송장을 준비했다. 프랑스 북부 지방은 아직도 날씨가 풀린 상태가 아니었다. 남부 지방은 좀 따뜻해지긴 했어도 비가 빈번히 내렸다. 생틸레르는 자라파를 보호하고 온기를 유지시켜 주기 위해 가장자리를 끈으로 땋아내린 방수복 두 벌을 만들도록 했다. "목과 몸통"을 덮어주기 위한 것이었다. 목줄도 새로 만들었다. 또 여행 도중 발굽이 닳지 않도록 리옹에 들르는 길에 "신발을 필히 마련"하도록 지시했다.

지사는 파리의 학자들에게 생틸레르 선생님은 바쁜 와중에서도 "이런 일에 경험이 있는 사람들의" 개인 유물 전시관과 공공 전시관에 들러 자문을 구했고, 그들이 문의해 오는 사항에 일일이 답해 주고 계신다는 편지를 보냈다. 생틸레르가 마르세유 의사들의 청을 받아들여 "살즈 중학교에서 최근의 분석과학에 대해 학생들과 교수들에게 고무적인 강연을 하셨던 바, 이 열정적인 강의가 우리 시민들에게 커다란 가르침이 되었다"는 것이다. 그는 몽펠리에에서 그랬듯이 마르세유와 툴롱의 과학협회 주최의 토론회에도 참석해 학자들과 의견을 나누었다.

지사는 자라파가 파리로 여행하는 도중 거쳐갈 각 지역의 장들에게, 고명하신 조프루아 생틸레르 교수께서 파견될 정도로 "정부는 자연사에 길이 이름이 남을 이 귀중한 동물을 보호하는 데 각별한 관심을 보이고 있다"며, 고로 이 기린이 군중이나 마차로부터 보호받을 수 있도록 안전 조치를 취해 달라는 공문을 보냈다. 덧붙여 "이 기린은 성격이 온순해서 별 문제를 일으키지는 않겠지만 기린과 마주친 동물들이 그 엄청난 몸집에 놀라 사고를 일으킬 수 있으니 이 점만 주의해 달라"는 부탁도 했다. 지사는 관할 구역 내에서 기린을 호송하기 위해 기마 경찰을 동원해 줄 것을 요청했고, 또 기마 경찰은 "호송길에 소들이 접근하지 못하도록 조치"하라는 명령을 받았다. 기린이 밤을 묵을 지역의 시장들에게는 천장 높이가 적어도 3미터 60센티미터를 넘는 우리를 마련하라는 지시를 보냈다.

행렬을 간소화하기 위한 방편으로 우유를 내지 못하는 이집트 젖소는 팔아 버렸다. 그러나 동물학에 열의가 있던 지사는 암소 대신 새끼를 밴 야생양 암놈과 수놈을 일행에 포함시켰다. 생틸레르 역시 처음에는 행렬을 간소화한다는 이유로 야생양 수컷을 마르세유에 남겨두려 했으나 이 놈의 생김새가 워낙 독특했던지라 마음을 바꾸었다. 생틸레르는 이렇게 생긴 동물을 본 적이 없었다. 그는 이 수컷이 영양의 근연종 같다고 묘사했다. "기린을 수행할 이 녀석은 몹시도 귀중한 동물로 밝혀졌다. 아마도 영양의 하위종 같다. 이 녀석은 누와 야생양, 영양의 기본적인 특징을 모두 지니고 있다."

이 동물은 유럽에서는 처음 보는 종으로서 그 종은 아직 명명조차 되지 않은 상태였다. 생틸레르는 이 동물을 중앙 아프리카에 있는 세나르의 지명을 따 세나리라고 명명한 후 파리의 동료들에게 이 동물이 "억세면서도 무척이나 까다롭다"고 설명했다. 그는 이 동물을 가둘 튼튼한 우리를 제작하게 하고, 이 우리를 끌 말과 마차를 임대했다.

마부는 계약 기간을 50일로 하지만 추가되는 일수에 대해서는 따로 금액을 받는다는 조건에 동의했다. 계약 기간에는 파리에 체재할 8일과 마르세유까지 돌아오는 데 소요될 12일이 포함되어 있었다. 송장에는 마차 임대비, 마구 구입비, 마차를 끌 동물에게 리옹 도착 전까지 먹일 보리, 밀기울, 옥수수, 콩 등 세세한 항목까지도 구체적으로 기록되었다. 여기에다 영양 암컷의 가죽과 뼈, 생틸레르의 짐, 젖소 네 마리의 마구를 옮길 마차도 필요했다. 마부와 관리사들은 임금과 "출발시 필요한 기타 경비"를 미리 지급받았다.

생틸레르는 마부, 하산, 아티르 외에도 인부 두 사람을 추가로 고용했다. 그 중 한 사람이 지사가 천거한 마르세유 사람 바르텔레미 쇼케인데, 그는 지사의 사촌이 선물로 보낸 야생양을 돌볼 임무를 맡았다고 기록에 나와 있다. 묘한 점은 바르텔레미의 급료가 동물들과 관리인들을 총괄할 책임을 맡았던 하산의 급료보다 갑절이나 많았다는 사실이다. 사실 하산에게는 바르텔레미보다 아티르가 더 중요한 사람이었다.

일행에 추가된 또 한 사람은 이집트 출신의 흑인 소년 유세프 에베드였다. 프랑스 사람들에게는 조셉이라고 알려진 유세프는 나폴레옹의 군대가 이집트에서 철수할 때 함께 따라나선 이집트 피난민의 아들이었다. 나폴레옹의 군대가 이집트에서 철수한 지 26년이 지났어도 이 때 피난 나온 이집트인들은 여전히 마르세유의 난민촌에서 살고 있었다. 유세프는 이곳에서 태어나 이곳에서 성장했고 두 나라의 언어를 구사할 줄 알았다.

지사는 난민촌을 담당하고 있는 군 당국에 유세프가 파리로 출발했다고 통고했다. 기록에는 유세프의 정확한 나이가 나와 있지 않지만 그가 생틸레르를 도와 하산과 아티르의 "비서 겸 통역사"로 일하고 있을 때 아버지가 그의 복지 수당을 청구한 것을 보면 그가 어린 나이였음을 알 수 있다. 이집트 피난민 487번 조셉 에베드에게는 "하루 72상팀의 복지 수당이 책정"되었다. 미화로는 대략 12센트 정도의 금액이었다. 유세프가 마르세유를 출발하기 전에 생틸레르는 미리 43.25프랑을 지급했는데 이 금액은 한 달치 복지 수당의 갑절에 달하는 금액이었다. 게다가 여행길에 드는 일체의 경비는 따로 지불된다는 조건이었다.

이 소년은 임박한 모험에 참여한다는 사실에 흥분을 느꼈을 것이다. 이집트 피난민의 아들인 이 소년은 기린과 함께 파리를 구경하게 될 것이었다. 그러나 유세프나 그 외의 사람들은 기린의 행진에 어떤 일이 기다리고 있는지 전혀 알지 못했다. 호기심에 못 이겨 모여든 마르세유의 군중들은 앞으로 몰려들 군중들에 비하면 단지 맛보기에 지나지 않았다.

12
호기심

　빌뇌브 바르주몽 백작은 날씨가 따뜻해질 때까지 출발을 조금 더 미루자고 권했지만 생틸레르는 무리가 되지 않는 날을 택해 즉시 출발하기로 결정했다.

　생틸레르가 도착한 후 16일이 지난 5월 20일, 비가 부슬부슬 내리는 이른 아침에 검은 끈으로 가장자리를 땋아내린 외투를 입은 자라파가 젖소를 따라 지사 관저를 나섰다. 늘 그랬듯 하산이 끈을 잡고 자라파를 이끌었다. 아티르와 바르텔레미는 줄 하나씩을 잡고 자라파의 옆에 섰다. 수개월간의 산책을 통해 훈련을 받은 자라파는 관리인 세 명에게 목줄을 잡힌 채 젖소 뒤를 순순히 따라나섰다. 적막한 주일 아침이었다. 바야흐로 행렬이 바다와 작별을 고하며 험한 여행길을 시작하자 마치 출발 신호라도 되듯 교회 종소리가 울려 퍼졌다. 따뜻한 볕이 들판 길을 감싸던 평상시와는 사뭇 다른 분위기였다.

　사려 깊은 지사는 생틸레르에게 말동무를 붙여줘 엑상프로방스

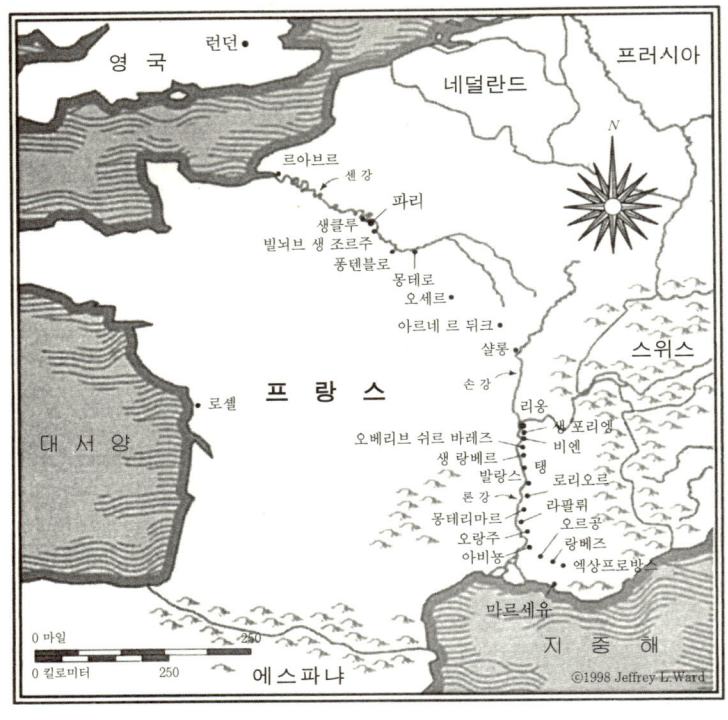

까지 따라가도록 했다. 이 두 사람은 자라파 앞에서 젖통을 흔들며 걸어가는 젖소 뒤를 따라갔다. 기마 경찰이 자라파에 말들이 놀라지 않도록 거리를 유지한 채 각각 앞과 뒤에서 일행을 호위했다. 행렬과 마주친 마차들은 말들이 놀라지 않도록 갓길로 비켜섰다. 마부들과 승객들은 우리 안에 갇힌 동물의 뿔을 보고 서로 한마디씩 말을 던졌고, 비옷을 입은 기린의 위용에 놀라움을 금치 못했다.

지사의 지극한 보살핌을 받은 자라파는 힘이 넘쳤고 건강했으며 조금의 근심거리도 안겨주지 않았다. 자라파는 이제 거의 다 자라 키가 3미터 70센티미터나 되었다. 마르세유에 도착했을 당시보다 15센티미터나 더 큰 것이다.

생틸레르는 첫날의 목적지로 예정된 엑상프로방스까지의 32킬로미터는 여덟 시간 정도면 도착할 수 있으리라 예상했다. 그러나 "오르막길인 데다가 비는 내리고, 여행에 필요한 인원이 모두 구성되지도 못한 상태"였다. 생틸레르는 엑상프로방스를 떠난 다음 날 지사에게 다음과 같은 사과의 편지를 썼다.

(기린처럼) 무구한 자의 신이 있다는 옛 말이 틀리지 않습니다.…… 어찌해서 이런 지독한 날씨에 기린을 출발시키는 만용을 부렸는지 모르겠습니다.…… 파리에서 기린을 기다리는 사람들은 필시 내가 태만하다고 생각할 겁니다. 그들은 한 가지 것밖에는 보려 하지 않지요. 그들은 기린을 보길 원할 뿐 그 어려움은 생각하지 않습니다. 내가 아름다운 기린 때문에 지사께 얼마나 큰 신세를 졌는지요. 나는 지사의 사랑스런 수양딸에 대해 한 약속을 번복하려 합니다.

지사는 자라파의 외투에 프랑스의 상징 문양을 새겨 넣자고 했지만 마르세유를 출발하기 전까지 이를 마칠 시간이 없었다. 생틸레르는 다음날 엑상프로방스에서 휴식을 취하면서 기린의 외투에 문양을 새겨 넣었고, 도의상 지사에게 이 사실을 알리도록 지방 관서에 부탁했다. 관서 측에서는 지사에게 "기린은 매우 건강합니다. 조프루아 선생께서는 우리 주민들에게 크나큰 친절을 베푸셨습니다. 월요일 아침 엑상프로방스를 떠나면서 기린을 잠시나마 사람들 앞에 선을 보이신 것입니다. 아침 7시에 기린이 산책을 했을 때도 엄청나게 많은 사람들이 호기심을 못 이기고 몰려 나왔습니다" 하는 내용의 편지를 보냈다.

생틸레르는 엑상프로방스―아치형의 대성당이 있고 지금은 말할 것도 없지만 당시에도 꽤나 오래된 도시인―의 미라보 거리를 따라 난 가로수 밑으로 몰려든 군중을 "기병대가 통제했다"고 기록하고 있다. 마침 예수 승천 축일을 앞둔 날로 종교 행렬이 제대로 진행되지 않을 정도였다. 흡사 아침에 본 기린에 강복이라도 빌어주는 듯싶었다. 생틸레르는 지사에게 "그러나 군중들의 호기심을 채워줄 수는 없었습니다. 기린은 온 종일 걸어 왔다는 것보다는 온전히 쉬지 못한 데 더 피로감을 느꼈습니다" 하고 보고했다.

기린은 쉬는 동안에도 시민들의 호기심을 채워 주어야 했다. 엑상프로방스에서 생틸레르는 자라파가 공식 공연뿐만 아니라 사적인 공연도 벌여야 한다는 사실을 이내 깨달았다. 이런 상황에 대해서 그는 지사에게 보고를 했다. "지사의 수양딸인 기린에게는 이중의 업무인 셈이지요."

호송대는 화요일 오전 8시에 엑상프로방스를 출발했다. 북서쪽으로 행진하려면 석회석 언덕과 소나무 숲을 올라야 했지만 날씨는 화창했다. 엑상프로방스를 출발한 후 3일이 지나 아비뇽 근처에 이르러 생틸레르는 지사에게 또 편지를 보냈다. "이제 사람들은 자신이 할 일들에 대해 숙지해 가고 있습니다. 모두가 제 역할을 알고 있지요. 이 점에 대해서는 동물들도 마찬가지입니다. 오늘 아침 오르공에서는 문양이 새겨진 외투를 입은 채 얌전히 있던 기린이 젖소가 떠나려는 태도를 취하자 알아서 따라나서더군요. 관리인 하산이 이끌기도 전에 말입니다. 마치 공작처럼 의젓했지요."

기린의 오른편에 선 아티르가 줄을 끌며 기린을 인솔했고, 왼편에서는 바르텔레미가 기린을 따랐으며, 요세프는 젖소를 몰았다. 바위투성이 소나무 숲을 지나자 아몬드, 올리브, 체리 과수원이 펼쳐졌다. 밀밭에는 여전히 푸른 기운이 남아 있었지만 누런빛에 자리를 내주며 밀이 영글어 가고 있었다. 밀밭 군데군데에서는 새빨간 양귀비가 자태를 과시하고 있었다. 야생 라일락과 연노랑빛으로 화사하게 핀 가시금작화가 들판 곳곳에 만개해 사향 냄새 머금은 꽃향기로 하늘을 진동시켰다. 꼬리를 물고 이어선 마을 사람들을 본 까치의 호기심도 덩달아 동했고, 발길에 채인 벌레들이 사람들의 머리 위를 빠르게 맴돌았다.

지역 유지들과 "과학 애호가들"이 번갈아 가며 생틸레르를 보좌해 거리를 걷는 영예를 누렸다. 생틸레르는 머무는 곳마다 공식적인 환대를 받았고 지역 의사와 수의사들에게는 자신들의 유물 전시관을 방문해 달라는 초대를 받았다.

유전학적 기형체에 대한 생틸레르의 연구에 대해 알고 있었던 어떤 약사는 그의 방문을 기념해 현상 응모에 입선한 표본을 선물로 주었다. 생틸레르는 지사에게 보낸 편지에서 "이런 면으로 보면 이번 여행으로 큰 수확을 거둔 셈입니다. 엑상프로방스에서는 표본 하나를 얻었고, 생 칸나에서도 표본 하나, 랑베즈에서는 표본 두 개를 얻었지요. 그분들은 어디서도 볼 수 없는 이런 기형 표본을 관대한 마음으로 선뜻 내주셨습니다. 특히 랑베즈에서 얻은 두 개의 표본에 큰 흥미를 느낍니다. 내가 보건대 언젠가는 과학사에서 새로이 규명해야 할 정도로 특이한 것들입니다. 이렇게 관대한 분들께 얻은 횡재만으로도 우리가 감당해야 하는 어려움이 벌충되고도 남습니다. 이 표본들로 실험실은 활기에 넘쳐날 겁니다"며 고마움을 표시했다.

거리에서 나흘 밤을 난 생틸레르는 지사에게 자신 덕분에 호송대가 욕심 많은 여관 주인들로부터 돈을 아낄 수 있었다며 우스갯소리를 했다. "이 불한당들에게 우리는 폐하의 아름다운 동물이 입고 있던 외투 보관비를 지불했지요. 관리인들이 주인 나리께서 비용을 듬뿍 쳐주실 거라고 하는 통에 그자들은 나를 생틸레르 백작이라고 생각했어요." 하지만 생틸레르를 "기린 백작"이라고 칭한 여관 주인도 있었다. 은유적으로나마 진실을 말한 것이었다.

호송대는 론 강 계곡을 따라 북으로 진로를 바꾸기 전에 아비뇽에서 이틀을 머물렀다. 여기부터는 포도 농원이 펼쳐져 있었다. 옛 로마의 원형 경기장과 농산물 시장이 늘어서 있는 오랑주를 지나고 나면 그 다음부터는 한결같은 경관이 펼쳐질 것이었다. 물정 어두운 시골 사람들이 몰려들 것이고, 그러면 삼색 관띠를 면 시장이 나와 호송대가 머물든 머물지 않든 상관없이 틀에 박힌 환영 연설을 할 것이었다.

시골 경관은 단조로웠고, 론 강 주변으로는 봄날씨답지 않은 꽃샘 추위가 기승을 부렸다. 시간당 3킬로미터를 걷는 자라파에게는 길고도 지루한 여행이었다. 온난한 지중해성 기후가 찬 북서풍을 끌고왔다. 이 지역 사람들이 론 계곡의 제왕이라고 부르는 북서풍을 온 몸으로 맞고 있는 호송대는 창 없는 휑한 집들을 뒤로 하며 행진을 계속해 나갔다.

정오 무렵에 갖는 휴식 시간에도 소문을 듣고 몰려나온 사람들 때문에 온전히 쉴 수가 없었다. 생틸레르는 "여행길을 따라 주변의 오두막이나 성에서 몰려나온 사람들 때문에 한가한 시간을 가질 수 없었다"고 보고했다.

오후만 되면 생틸레르는 서둘러 밤을 보낼 숙박소를 찾아가 "미리 요금을 흥정해야" 했다.

저녁마다 기린이 묵기에 적당한 숙박소를 찾아 흥정을 벌이고 채비를 갖춰 놓아야 했다. 마구간 지붕을 부수어 높이는 일이 비일비재했다. 우리에 넣어 마차로 옮기고 있는 동물들도 밤을 편안히 날 수 있도록 저녁마다 매번 우리에서 꺼내 주어야 했고 또 아침이 되면 우리에 도로 집어넣어야 했다. 시간도 걸릴 뿐더러 주의를 요해야 하는 힘든 일이었다. …… 인구가 많은 도시로 진입할 때면 기린을 짓궂은 군중들로부터 보호해야 했다. …… 나 자신도 기린에게 무작정 달려드는 군중들과 몸싸움을 하느라 곤혹을 치렀다. 이런 일이 매일같이 반복되었다.

군중들이 물러간 밤이 되면 생틸레르는 지역의 신사들과 관료들에게 조촐한 즐거움을 마련해 주어야 했다. 생틸레르는 "가능한 한 …… 그들이 여행 중인 신기한 동물을 편안한 마음으로 살펴볼 수 있도록" 배려를 해주었다.

그들은 오랑주와 라팔뤼(이곳에서 야생양은 새끼를 낳았다), 몽테리마르, 로리오르 등지에서 밤을 보냈고, 다음날 아침이면 날씨에 상관없이 어김없이 길을 나섰다. 거쳐가는 마을마다 농가에서 몰려나온 사람들과 매번 실랑이를 벌어야 했다.

아비뇽을 지나 도착한 첫 번째 읍내가 발랑스였는데 이곳에서 생틸레르는 지사에게 고마움을 전하는 편지를 썼다. 바로 이곳에 생틸레르의 벗 나폴레옹이 열여섯 살의 나이에 사관 생도로 입교한 포병 학교가 있었다. 발랑스는 지금도 그렇지만 당시에도 군사 교육의 중심지였다. 읍내는 젊은 아가씨와 제복을 입은 생도들로 활력이 넘쳐났다. 이제 쉰다섯이 되어 세파에 찌들고 건강도 나빠진 생틸레르는 생도들을 쳐다보면서 나폴레옹과 함께했던 젊은 시절을 추억했으리라. 그의 아들은, 아버지는 일생 동안 "1813년과 14년의 재난 …… 외국의 침략, 파리 함락, 이집트에서 교분을 맺고 흠모하던 위대한 영웅의 몰락 등 …… 승리를 물거품으로 돌린 이런 재난들을 감내하지 못하고 한없이 슬픈 마음으로 기억하고 계셨다"고 기록했다.

리옹과 발랑스 사이를 흐르는 론 강은 물살이 거세고 빠르다. 알프스 산에서 녹아 내린 물이 남으로 거침없이 흘러내리는데 봄에 강가로 부는 바람은 흡사 기차가 지나가면서 내는 바람처럼 거세다. 날씨가 따뜻해짐에 따라 론 강 계곡의 기온도 프로방스의 기온이나 지중해의 기온만큼이나 누그러진다. 북서풍이 북쪽으로 물러나는 것이다.

그런데 1827년의 봄은 유난히도 추웠다. 자라파가 출발한 지 17일째 되던 날 마르세유와 리옹 사이를 걷던 생틸레르는 "호송대는 폭우를 두 번이나 만났고 비도 수일 동안 내렸다"고 보고했다. 6월 첫째 주가 되었는데도 리옹 인근의 언덕에는 여전히 눈이 내렸다.

하산과 아티르는 나일 강이 여름 홍수로 범람하는 광경을 목격했다. 하지만 눈이 녹아 지독히 차가운 물과 바람으로 기승을 떠는 강을 목격한 일은 없었다. 그들은 마르세유에서 겨울을 나기 전만 해도 북쪽의 추위가 어떤 것인지 짐작조차 하지 못했다. 그들은 살을 에는 추위가 어떤 것인지 겪어본 일이 없었다. 나일 강변에서는 겨울에 씨를 뿌린다. 강변의 풍광도 사막 일색일 뿐이다.

이에 반해 론 강 계곡의 풍광은 끊임없이 변한다. 발랑스 북쪽에서부터 오르막길이 시작되는데, 멀리 남쪽의 경치는 청색을 띠고 북쪽으로는 농장들로 들판이 온통 녹색 천지다. 멀리 보이는 마을의 민가들은 주문을 적어 자라파의 목에 매단 리본처럼 하나같이 붉은 색 지붕을 이고 있다. 땅은 개간되어 밭, 포도밭, 농장, 뽕나무들이 끝간데 없이 펼쳐져 있다. "금을 내는 나무"라고 했던 뽕나무를 기반으로 리옹은 프랑스 실크 산업의 중심지로 성장할 수 있었다.

6월 초하루 탱을 지나던 자라파의 발굽 사이로 못이 박혔다. 못은 곧 제거되었고 걷는 데도 지장이 없었으나 생틸레르는 아비뇽에서부터 엿새간 지속된 강행군으로 자라파가 지쳐 있음을 알았다. 그는 행진 속도를 늦춰 발랑스에서 리옹까지 도달하는 데 당초 예정된 나흘을 엿새로 늦춰 잡았다.

그 날 밤 생틸레르는 휴식을 취하는 대신 옛 제자였던 지방 의사에게 생 랑베르까지의 여정을 맡도록 조치했고, 우편을 통해 "호기심에 찬 군중들을 위해 행사를 준비하도록" 미리 지시했다. 그는 또 새로운 계획을 실행에 옮기려 했는데 그는 다음날 두 통의 편지에 이 계획을 적어 보냈다. 편지 한 통은 개인적인 내용을 담아 마르세유 지사에게 보내는 것이었고 또 한 통은 공적으로 파리의 내무부 장관에게 보내는 것이었다.

하르툼처럼 리옹에서도 성격이 전혀 다른 두 강이 합류한다. 동쪽 알프스 산으로부터는 물살이 거센 론 강이 맹렬한 기세로 흘러들어오며 북쪽으로부터는 탁한 손 강이 잔잔히 도시로 흘러 들어온다. 생틸레르의 새 계획은 군중을 피할 수 있고 호송대의 어려움도 덜 수 있게끔 손 강을 향해 올라간다는 것이었다. 그는 내무부 장관에게 다음과 같은 보고를 했다.

기린의 건강 상태는 여전히 좋습니다.…… 녀석은 마르세유에서 탱까지 260킬로미터의 여정을 꿋꿋하게 견뎌 왔습니다.…… 하지만 서서히 피로감을 느끼는 듯합니다. 젖소들도 지쳐 가고 있고 이집트에서 온 한 놈은 약간 절기까지 합니다. 여행으로 모든 동물들이 지쳐 있고 걸음걸이도 불편해지고 있음이 역력합니다.…… 각하의 호의로 동물들을 책임지고 있는 저로서는 기린의 건강이 염려됩니다.…… 기린에게 적당한 선창과 부두를 보아 두었고 배도 물색해 두었습니다. 기린은 점점 더 온순해지고 있으며 사람도 잘 따릅니다. 마치 말이나 낙타처럼 길들었지요. 때문에 리옹에서 샬롱까지 강을 따라 능히 항해를 할 수 있을 겁니다. 비용도 육로에 비해 3분의 1밖에는 들지 않습니다.

또 이 편지에서 생틸레르는 기린이 파리에 도착하기 전 파리 인근에서 십여 일 정도 휴식을 취하게 하는 것이 좋겠다는 제안을 했다.

기린은 파리 시민의 호기심을 맹렬히 자극할 겁니다. 폐하께서 퐁텐블로 궁전의 우리에 기린을 들이도록 허락하신다면 폐하와 왕족께 곧 기린을 알현시켜 드릴 수 있을 겁니다. 호송대를 우회시킬 수도 있지요.…… 이렇게 하려면 무엇보다 각하의 지시가 필요합니다. 각하의 지시를 받지 못하면 예정대로 부르군디를 통과해 여행을 하겠습니다. 샬롱에 도착하는 대로 각하께 남은 여정에 대해 보고 드리겠습니다. 각하께서 손 강 항해를 허락해 주신다면 전력을 다해 예정 시간 내에 임무를 완수하겠습니다.

생틸레르는 지사에게 보내는 편지에서 자라파의 건강에 대해 자신이 얼마나 염려하고 있는지 또 이 일에 대해 얼마나 큰 자부심을 느끼는지 허심탄회하게 털어놓았다. 낯선 사람 앞에서 자라파가 우유를 먹을 때 수줍어하는 모습을 애정이 담뿍 담긴 어조로 묘사하기도 했다. "기린이 얼마나 온순한지 모르실 겁니다. 시키는 대로 기꺼이 따라 주지요. 릴로에서 묵을 때는 사람들 앞에서도 늠름하게 우유를 마셨답니다. 기린이 짓궂게 구는 법은 없지만 좀 지친 듯합니다. 미리 조심하는 게 좋겠지요."

생틸레르는 내무부 장관이 자신의 계획을 승인해 줄 것이라 기대하고서 손 강 항해를 미리 준비했다. 그는 그 날 밤 편지를 부친 다음 생 랑베르로 되돌아왔다. 호송대는 리옹 남쪽에서 사흘을 머물렀다. 리옹에서는 6월 5일 도착해 9일 아침 배에 오를 때까지 휴식을 취할 예정이었다. 샬롱에 도착하기까지 나흘 동안 군중들은 강둑에서 먼 발치로밖에는 기린을 볼 수가 없었다.

13
아름다운 이방인

예정대로 자라파는 1827년 6월 5일 화요일 리옹에 도착했다. 같은 날 아테네는 투르크에게 함락되었다. 무하마드 알리의 군대가 참전한 3월 이래로 전세가 역전된 것이다. 그런 만큼 부왕은 유럽의 원성을 샀다. 한편 리옹의 신문들은 부왕이 보낸 기린을 프랑스에서 가장 유명하게 만든 기사들을 보도했다.

한 신문은 다음과 같은 기사를 실었다.

오늘 기린이 경관들의 호위를 받으며 도시로 들어왔다. 관리인들이 기린을 이끌었고 그 뒤를 호기심에 가득 찬 수많은 군중들이 뒤따랐다. 이 점잖은 동물은 지사를 예방했고 지사는 이 아름다운 이방인에게 합당한 환영 인사를 했다. 날씨가 추웠던 관계로 기린은 밀랍으로 방수한 호박단 외투를 입고 있었다. 지난 며칠간 계속된 추위가 오늘은 한층 더 기승을 부렸다. 리옹 인근의 산에는 눈이 내렸을 정도로 추운 날씨였다.

생틸레르는 기온이 섭씨 6도까지 내려갔다고 리옹에 체류했을 당시의 일을 기록하고 있다. 신문들은 기린에 대한 소식을 매일같이 보도했고 생틸레르가 쓴 기린에 대한 논문을 2부작으로 게재했다. 또 생틸레르가 학생들에게 한 고무적인 강연으로 찬사를 받았다는 기사도 실었다.

리옹 사람들은 흥분 상태로 그 한 주를 보냈다. 이국에서 진귀한 동물들이 온 것— 꽃시장이 형성된 벨쿠르 광장 남쪽의 커다란 참피나무 아래서 하루 두 차례씩 군중들 앞에 모습을 드러냈다— 말고도 끔찍한 살인 사건이 발생했고 죄수들에 대한 사형 집행이 있었다. 이 때문에 어떤 신문은 사설을 통해 "인과응보라는 우리 형법의 원칙을 교정 기능"으로 대체할 필요가 있다는 주장을 펴기도 했다.

또 그 주의 신문에는 다음과 같은 행사를 한다는 광고도 실렸다.

런던의 걸리와 스미트가 살아 있는 뱀 전시회를 개최합니다. 개관 시간은 오전 11시부터 오후 8시까지입니다. 벨쿠르 광장에 오시면 아래의 진기한 뱀들을 만나 보실 수 있습니다.

  1. 25년만에 프랑스에 처음 모습을 나타낸 방울뱀

  2. 아나콘다

  3. 보아뱀

  4. 점박이뱀

  5. 얼룩무늬뱀

이 외에도 나일 강에서 온 악어 두 마리 …… 인디언 추장의 머리,

18세로 키가 2미터나 되는 거인도 만나 보실 수 있습니다.…… 뱀의 먹이 시연회는 목요일 오후 3시에 열립니다.

그 역시 순회 서커스단의 단장이나 다름없었던 생틸레르는 파리로부터 손 강 항해의 허락이 떨어지기를 기다리는 한편으로 여러 사람들을 만났고, 유물 전시관도 관람해 학자적 호기심을 한껏 채웠다. 그는 "조예가 깊은 분들이 설립한 훌륭한 전시관들이었다.…… 리옹 수의학교 학장의 전시실에는 기형적으로 다리가 많이 달린 말 표본도 볼 수 있었다"고 감회를 피력했다.

한편 뱀들이 전시되어 있는 벨쿠르 광장에 모여드는 사람들이 급속히 늘어났다. 한번 구경 온 사람들은 가족과 친구를 이끌고 아침저녁으로 하루에 두 번 산책을 나서는 기린을 보기 위해 이곳을 다시 찾았다. 기마 경찰만으로는 구경꾼들을 통제할 수 없어 기병대를 배치해야 했다. 사고를 예방하기 위해 기린의 목에 줄을 하나 더 달아 유세프가 끌도록 했다.

리옹의 인구는 마르세유의 인구와 같은 10만 명 정도였다. 그러나 리옹에는 거대한 벨쿠르 광장이 있었다. 신문 기사를 보거나 소식을 전해 들은 사람들이 기린을 보기 위해 광장에 몰려들었다. 3만 명에 달하는 군중들이 광장을 가득 메웠다. 그 중에는 지역의 유명 인사도 있었다. "113세의 할머니가 공원 벤치에 앉아 두 시간을 초조하게 기다리기도 했다." 걸리와 스미트 씨는 식사를 마치고 나른하게 쉬고 있는 뱀들을 서둘러 깨우고 방울뱀을 쑤석거려 화를 돋우느라 분주했을 것이다. 그들은 그 날 모여든 군중들이 돌아가는 길에 자신들의 전시물을 보아 주기를 기대했다.

자라파는 11시에 벨쿠르 광장에 모습을 드러냈다. 전하는 말에 따르면 파리에 도착하기 전까지 가장 많은 군중들이 모여들었음에도 불구하고 자라파는 시종일관 평정을 잃지 않았다고 한다. 자라파는 묵묵히 머리를 들어 참피나무 순을 따먹었고, 가까이 몰려든 군중들은 자라파가 50센티미터 길이의 검푸른 혀를 자유자재로 놀리는 데 감탄을 연발했다. 늘 그랬듯 자라파를 호송하고 있던 말들이 자라파의 모습을 보고 겁을 먹었다. 그런데 폐쇄 공포증이 문제의 발단이었다. 기묘한 동물과 군중들 사이에 낀 말 한 마리가 공포에 휩싸이자 자라파가 내닫기 시작했다. 고삐를 잡고 있던 관리인들도 속수무책으로 끌려갈 수밖에 없었다. 잇달아 사고가 터졌다. 신문들은 기마병들에게 비난을 퍼부었다. "기마병들은 군중들의 안전에는 아랑곳하지 않고 기린을 잡기에 여념이 없었다. 기린의 발길질에 몇 사람이 쓰러졌다. 그 중에는 고명하신 조프루아 생틸레르 선생도 있었다."

자라파는 그 날 오후에도 산책을 거르지 않았다. 그런데 벨쿠르 광장에 남아 있던 군중들에게 또다시 불행한 일이 발생했다. 다음날 신문에서는 다음과 같은 결론을 내렸다. "아침의 소동을 목격한 지사는 기린을 보기 위해 몰려든 군중 사이에 기병대를 배치하는 것이 위험하다는 사실을 당연히 알아채고 조치를 취했어야 했다. 이 날 오후에 발생한 사건은 이를 등한시했던 결과였다. 기린이 벨쿠르 광장을 떠났는데도 군중 사이에서 미적거리던 말이 몇 사람에게 심한 부상을 입혔다. 기린은 내일 오전 7시에 리옹을 떠날 예정이다."

기린이 손 강을 항해하기로 예정되어 있던 토요일까지 파리로부터는 아무런 연락이 없었다. 그 이유가 무엇이었는지는 모르지만 내무부 장관은 계획 변경을 승인해 달라는 생틸레르의 요구에 응답을 하지 않았다.

결과론적인 애기지만 생틸레르가 리옹에서 샬롱까지 자라파를 배로 옮긴다는 계획을 세우지 않았다면 리옹에서 일어난 사건과 군중들을 피할 수 있었을 것이다. 6월 2일 그는 마르세유 지사에게 보낸 편지에서 "강을 통한 수송에 대해 판단이 서지 않을 때에는 기린을 한적한 시골에 한 주간 격리시켜 놓을 생각입니다"는 계획을 밝힌 바 있다.

그러나 단언한 대로 생틸레르는 부르군디를 걸어서 통과했다. 그는 리옹에서 입은 부상이 "심각한 정도는 아니다"고 극구 부인했지만 이미 앓고 있던 통풍과 류머티즘을 더욱 악화시켰다. 자라파에 대한 염려도 염려지만 자신의 아픈 몸 상태 때문에라도 행군 속도를 늦출 수밖에 없었다. 매일같이 손 강을 바라보던 그가 그 이후부터 무슨 생각을 품었는지는 알 길이 없다. 그는 남은 여정에 대해 어느 누구에게도, 심지어 마르세유 지사에게조차도 솔직한 심경을 털어놓지 않았다.

마르세유를 출발한 지 21일째 되던 일요일, 생틸레르는 일행을 이끌고 리옹을 출발했다. 파리에서는 그를 신용하지 못해서였는지 여전히 감감 무소식이었다. 하지만 국왕이 친히 퐁텐블로 궁전으로 납실 시간은 충분했다.

14
샤를 10세

왕세자비인 앙굴렘 공작부인은 자라파를 반기지 않았고 굳이 이를 숨기려고도 하지 않았다. 의례를 중요시하던 왕세자비에게, 왕이 친히 기린을 접견하러 나가는 것은 의례에 어긋나는 일이었다. 때문에 기린의 여행은 불필요하게 지연되었다.

마리 테레즈 샬로트 드 부르봉—마담 루와얄로 더 잘 알려져 있는—은 루이 16세와 마리 앙투아네트 사이에서 난 딸로 고집이 세기가 이루 말할 수가 없었다. 루이 16세와 마리 앙투아네트는 결혼을 하고도 7년 동안 부부 관계를 원만히 치를 수가 없었다. 루이 16세의 음경이 포피로 단단히 감싸여 있어 관계를 맺을 때 고통을 참을 수가 없었던 것이다. 결국 그의 처남인 오스트리아 황제가 극비리에 파리를 방문해 포경 수술을 받도록 권했다. 이후 얼마 지나지 않아 온 프랑스가 왕비의 임신을 경축했다. 왕비는 왕위를 계승할 왕자를 기대했다가 1778년 딸을 출산하자 잔뜩 실망하고 말았다.

1792년 8월 10일 혁명 군중들이 튈르리 궁을 습격해 경비군과 종복, 심지어 요리사들까지 학살했다. 그 때 마리 테레즈의 나이는 14세였다. 그 날 왕족이 체포되었고 해가 바뀌자마자 아버지가 참수되었다. 9개월 후에는 어머니마저 단두대의 이슬로 사라졌다. 그녀의 나이 15세 때의 일이었다.

이후 마리 테레즈는 3년을 감옥―원래는 수도원이었고, 이 때문에 파리 사람들은 그녀를 "수도원의 고아"라고 불렀다―에서 보낸 후 어머니의 고국인 오스트리아로 추방되었다. 이듬해 18세의 그녀는 부르봉 왕가를 공고히 할 목적과 외교적인 필요성 때문에 막내 삼촌―늦은 나이로 왕위에 즉위한 샤를 10세―의 장남인 21세의 사촌 앙굴렘 공작과 결혼을 했다.

마리 테레즈는 결혼을 하고도 19년 동안 프랑스 왕족과 함께 영국에서 망명 생활을 했다. 25년에 걸친 유혈 혁명과 나폴레옹 제정 시대가 막을 내리고 마침내 1815년 왕정이 복고되었다. 당시에 마담 루와얄만큼 혈통이 순수한 왕족은 없었고, 따라서 그녀만큼 프랑스를 상징하는 인물도 없었다. 자라파가 파리로 입성하던 해 이제는 쉰 줄을 눈앞에 둔 비대한 그녀에게는 자식이 없었다.

마리 테레즈에게는 여제다운 풍모가 있었다. 그도 그럴 것이 부계 쪽으로 부르봉 왕가의 피를 물려받았고―아버지와 삼촌이 국왕을 지낸―모계 쪽으로도 6세기를 면면이 이어 내려온 합스부르크 왕가와 긴밀히 연관되어 있었기 때문이다. 왕가의 의례를 중요시하는 그녀의 태도는 1824년 루이 18세의 임종을 맞은 자리에

마리 테레즈

서 그녀가 남편에게 보였던 거동에서도 엿볼 수 있다. 선왕이 서거한 그 순간 이제 남편이 왕세자의 지위에 오르게 되자 마담 루와얄은 생애 처음으로 사촌간이자 부부간인 남편이 그녀 앞을 걷도록 허락했다.

  후에 샤를 10세가 된 샤를 필립 드 부르봉은 네 명의 왕자 중 막내로 태어났다. 그가 10세가 되던 해 큰 형과 양친이 모두 죽자 다섯 남매는 조부 루이 15세의 궁에서 성장했다. 루이 16세를 포함하여 왕자 셋은 모두 프랑스 왕위에 즉위를 했다. 그리고 맏형 루이 16세와 여동생은 프랑스 혁명의 와중에 참수를 당했다.

  샤를 필립은 혁명 때문에 30대 초반의 나이에 망명을 떠났다. 왕정이 복고되어 다시 프랑스로 돌아왔을 때는 근 예순의 나이를

샤를 10세

바라보고 있었다. 그는 67세에 왕위에 즉위했고 72세에 폐위되어 다시 영국으로 망명길을 떠났다. 그는 키가 큰 데다 고상한 용모를 한 미남이었다. 15세 되던 해에 병정놀이에 몰두해 있던 그를 조부의 어떤 장관이 나무란 일이 있었다. "병정놀이는 왕자에게 어울리는 일이 아닙니다. 다른 취미를 찾으십시오. 빚을 지면 갚아야 할 때가 오는 법입니다" 하고.

샤를 필립은 왕가에서 주선한 대로 사보이아 왕의 딸과 결혼을 했으나 평생 동안 정부에게 헌신을 쏟았다. 루이즈 드 폴라스트롱이라는 이 여인은 1789년 그가 망명을 떠날 때에도 그를 따라 나섰다. 그녀는 1804년 영국에서 죽었으나, 그녀보다 32년을 더 살았던 그는 못내 그녀를 잊지 못했다. 왕가의 일은 마리 테레즈가

도맡아 처리했다.

그는 왕위에 즉위했어도 군대식의 간소한 생활을 즐겼다. 그에게는 퐁텐블로에 있는 왕실림에서 신분을 숨긴 채 토끼 사냥을 하는 것이 유일한 낙이었다. 평복을 입은 채 개를 앞세우고 사냥을 하다가 밀렵꾼으로 오인되기도 했는데 이런 일이 그에게는 유쾌했던 모양이다. 그는 낯선 사람들에게도 호감을 주는 인물이었다. 한 번은 세례식에서 대부로 서 달라는 부탁을 받았는데 그는 자신을 샤를 르로이 르루아라고 소개했다. 신부조차도 끝내 그의 정체를 알아채지 못했다.

장관들은 마르세유에서 파리로 여행하고 있는 기린에 대해 왕에게 낱낱이 보고하고 있었다. 기린을 보러 나온 군중들이 늘어나고 그 열기가 더하자 왕은 마음이 조급해졌다. 자신의 기린이건만 정작 자신이 프랑스에게 기린을 가장 늦게 본 인물이 될 수도 있는 일이었다. 바로 이 점을 마담 루와얄은 못마땅해 했다. 의례상 국왕은 격이 떨어지는 군주가 보낸 선물을 점잖게 앉아 알현을 기다려야지 촐싹대며 미리 나서서 반겨서는 안 되는 일이었다.

이런 일을 알 턱이 없었던 생틸레르는 강으로 우회해 퐁텐블로 궁에서 기린을 쉬게 한다는 그의 제안에 대해 끝내 답신을 받을 수가 없었다.

호송대는 부르군디를 통과해 고대 로마 시대에 난 도로로 접어들었다. 이 도로의 오른쪽에는 손 강이 흐르고 있고 왼쪽으로는 카이사르의 로마 군단이 서기 1세기 갈리아를 정복한 후 은퇴 요양지로 삼으면서 시작된 포도밭—130킬로미터나 뻗어 있는데 이곳 마을을 따 이름을 붙인 포도주는 지금 프랑스의 명물이 되었다—이 언덕 위로 펼쳐져 있다.

샬롱에서 도로는 북서쪽으로 약간 오르막이 지면서 손 강으로부터 멀어진다. 포도밭을 지나면 숲과 죽 늘어선 관목들이 나타나고 더 멀리 산기슭 마을로는 푸른 목초지가 펼쳐져 있다. 리옹을 끝으로 생틸레르는 더 이상 편지를 쓰지 않았고 그들이 숙박한 곳의 기록도 없다. 통풍과 류머티즘으로 고생하던 생틸레르는 요독증마저 앓게 되었다. 이 때문에 그는 우리에 가둔 동물과 함께 마차에서 보내는 시간이 점점 더 많아졌다.

아르네 르 뒤크 인근의 산길을 호송대가 걸어갈 즈음 기린은 관리인의 인도를 받아 힘차고 명랑하게 걸음을 옮기고 있었지만, 마차 뒤에 외롭게 앉아 있는 생틸레르의 얼굴에는 그늘이 드리워져 있었다. 이곳에서 길은 숲으로 이어져 구불구불 오르락내리락 하며 점차 센 강 유역으로 접어든다.

리옹을 출발한 이후 호송대 내에서 일어났던 다툼은 생틸레르를 더욱 지치게 했다. 후에 생틸레르는 이 사건을 박물관에 공식적으로 보고했고, 사적으로 지사에게도 알렸다. 그가 박물관에 한 보고에서는 문제를 일으킨 이들의 이름을 언급하지 않았다. "국적도 다르고 종교도 다르고 언어와 성격도 다른 사람에게 그들의 책무가 무엇인지 알려야 했습니다. 때로는 심각한 다툼과 끊임없는 갈등에 개입해 그들의 힘을 결집시키고 근면성을 유도해 기린을 무사히 수송해 오도록 이끌어야 했습니다."

그러나 그가 파리에서 마르세유 지사에게 보낸 편지에는 문제의 발단이 바르텔레미였다고 분명히 밝히고 있다. 생틸레르는 하산과 아티르에게는 호의를 보이고 고마움을 표시했던 반면 바르텔레미에게는 기회주의자이자 시비의 소지가 있는 허풍선이라고 비난했다.

호송대는 오세르에서 발길을 멈췄다. 아버지의 건강을 염려해 직접 나선 아들과 생틸레르가 이곳에서 상봉한 것이다. 6월 23일 아들은 집에 있는 어머니에게 편지를 썼다.

주안니를 떠나 오세르로 향하면서 제 근심은 깊어져만 갔습니다. 마차에 홀로 앉아 있자니 눈물이 복받쳐 올라왔습니다. 결코 울어 본 적이 없던 제가 말입니다. 주안니에서는 기린의 도착 소식을 아는 관리를 찾을 수가 없었습니다. 아버님께서 여행을 견뎌내지 못해 아직 오세르에도 도착하지 못하신 건 아닌지 염려가 되었습니다. 오세르에 도착할 무렵이 되어서야 기린이 그곳에 있음을 알았습니다. 즉시 기린이 묵고 있는 숙소로 내달았습니다. 아버님은 그곳에 계시지 않았지만 곧 찾아뵐 수 있었습니다. 누군가의 부축을 받고 계시더군요. 안색이 창백해 보이시긴 해도 건강에는 별 문제가 없는 듯했습니다. …… 저는 아버님과 함께 어느 신사댁에 초대받아 저녁 식사를 같이 했습니다. 테이블을 두고 아버님을 대하고 있자니 내내 울음이 터질 것만 같았습니다. 아버님을 다시 뵙는 이런 순간에도 아버님으로부터 이토록이나 멀리 떨어져 있다는 느낌을 지울 수가 없습니다. 내일 아침이면 저를 두고 떠나실 거라는 생각이 그렇게 사무칠 수가 없었습니다.

한편 아테네의 함락에 자극받은 유럽 강국들은 그리스에 개입하기로 했다. 6월에는 26개의 신문들이 프랑스가 영국과 러시아와 연합하여 콘스탄티노플의 술탄에게 평화를 위한 최후통첩을 보냈다는 기사를 실었다. "결국 그리스인들의 유혈 항쟁 위기가 기독교국 왕들의 마음을 움직였고," 3개국에서 그리스로 출정한 연합 함대가 "전쟁을 종식시키고" 평화를 중재하리라는 것이었다.

신문에서는 투르크와의 전쟁을 계몽주의적 십자군 전쟁이라고 칭했다. 프랑스와 유럽이 투르크와 대항하는 동안 자라파와 호송대는 몽테로에 도착해 센 강과 마주섰다. 생틸레르가 계획했던 바와는 달리 그들은 퐁텐블로 궁으로 향하기 위해 서쪽으로 우회하지 않았다.

이틀에 걸쳐 50킬로미터를 더 여행한 그들은 파리 입성을 목전에 두고 있었다. 스탕달이라는 필명으로 더 잘 알려진 생틸레르의 친구 마리 앙리 벨은 센 강가에서 선상 파티를 열고 자라파를 기다리고 있었다. 7월 30일 토요일 벨과 젊은 여인들—그는 생틸레르의 동료이자 논적이던 퀴비에의 의붓딸에게 구애를 하는 중이었다—은 증기선을 타고 생틸레르가 그 날 오후 도착하기로 예정된 빌뇌브 생 조르주까지 유유히 뱃놀이를 즐겼다. 그러나 호송대는 예정보다 하루 일찍 출발했고 이미 그 날 오후 5시에 파리로 들어서는 참이었다.

마르세유에서 리옹까지는 사흘간의 휴식을 포함해 17일이, 리옹에서 파리까지는 하루 휴식을 포함해 21일이 소요되었다. 자라파가 마르세유에서 파리까지 9백 킬로미터를 걸어오는 데에는 7일간의 휴식 기간을 포함해 총 41일이 소요되었다. 리옹에 도착하기 전 생틸레르가 여행 속도를 늦추도록 했음에도 기린은 하루 평균 26킬로미터를 걸어온 것이다.

파리에 도착한 생틸레르는 다음과 같은 보고를 했다.

동물들의 건강은 여행 전과 다름없이 좋습니다. 오히려 건강이 현저하게 좋아진 편이지요. 암양은 라팔뤼에서 새끼를 낳았는데 새끼도 여행을 무난히 견디어 냈습니다.

하지만 기린이야말로 여행의 덕을 톡톡히 보았습니다. 녀석은 몸무게도 늘었고 운동으로 몹시 강인해졌습니다. 마르세유를 떠날 때보다 골격이 뚜렷해졌고 피부도 한결 매끈해졌습니다. 지금은 키가 3미터 70센티미터나 되지요. 여행하는 도중 걸음걸이도 많이 안정되었습니다. 녀석은 이제 더 이상 낯선 사람 앞에서 우유를 먹는 것을 꺼려하지 않습니다. 야생양 새끼가 장난을 쳐와도 관대히 받아 줍니다. 앉아서 휴식을 취할 때면 등을 대주기까지 하지요. 영리한 데다가 마음이 넓다는 증거지요.

15
기린 열풍

자라파는 왕립 식물원(1848년 왕정이 폐지되면서 다시 파리 식물원으로 개칭되었다) 정원에 있는 온실에 임시 거처를 정했다.

국왕은 이곳으로부터 15킬로미터 떨어진 곳, 파리가 굽어보이는 생클루 궁에 머물고 있었다. 그는 자신의 기린을 한시 바삐 보고 싶어했으므로 오는 목요일 왕립 식물원까지 마차를 호송하도록 근위대에 명령을 내렸다.

생틸레르는 공식 보고서에서 자신의 건강은 기린과는 달리 좋지 않다고 했다. "처리해야 할 일이 한두 가지가 아니었던 관계로 그만 과로를 하고 말았나 봅니다. 여행이 막바지에 이르면서 병 상태가 심각한 지경에 이르렀습니다." 그는 지사에게 요도폐색으로 소변을 보지 못해 참기 힘든 고통을 느낀다고 증상을 설명했다. 다행히 몇 주가 지나면서부터는 증상이 완화되고 병도 차도를 보였다.

그러나 문제는 기린을 보고자 하는 왕의 열망도, 생틸레르가 앓고 있던 병도, 기린이 막 9백 킬로미터의 여행을 마쳤다는 사실도 아니었다. 문제는 마담 루와얄에게 있었다. 생틸레르의 말에 따르면 "왕세자비께서는 견해를 달리하고 계셨다. 폐하가 친히 기린을 마중 나가는 것이 폐하의 위엄에 어긋난다고 생각한 것이다. 왕세자비께서는 왕립 식물원으로 나를 찾아와 몇 가지 질문을 하신 다음 결정을 내리셨다"는 것이다. 결국 계획은 변경되었다. 7월 9일 월요일 아침, 기린은 시내를 통과해 생클루 궁까지 행진을 한 후 그곳에서 왕을 알현하기로 했다.

그 날 자라파는 왕을 알현하기 위해 파리 시내를 가로질러 행진했다. 생틸레르와 박물관 동료들, 바르텔레미, 유세프, 아티르, 하산이 왕실 기병대의 호위를 받으며 기린을 인도했다. 그 뒤로 도로를 가득 메운 군중이 뒤따랐다. 신문들은 시시콜콜한 것까지 장황하게 보도했다.

오전 6시에 파리를 떠난 기린은 10시에 생클루 궁 밖에 있는 온실에 도착했다. 이곳에서 기린은 안내를 받으며 성 안으로 들어섰다. 엄청난 군중들이 호기심에 못 이겨 기린을 따라나섰다.

퀴비에, 조프루아 생틸레르, 왕립 식물원의 행정관들로 구성된 대표단이 기린을 왕에게 알현시키고 기린의 습성과 성격에 대해 보고했다. 황공하게도 내무부 장관이 미사 전에 기린을 알현하도록 주선한 것이다.

정오에 국왕 폐하, 왕세자, 왕세자비, 베리 공작부인, 왕자들을 비롯한 왕실 인사들이 모두 밖으로 나섰고, 조프루아 생틸레르 씨

생클루 궁에서 샤를 10세에게 바쳐진 기린을 소개하고 있는 당시의 신문

가 이집트 부왕이 보내온 기린을 자신이 직접 작성한 기린에 대한 보고서와 함께 폐하께 바치는 영예를 누렸다. 이 보고서에는 기린에 대한 모든 사항이 꼼꼼하고 자세하게 기록되어 있다.

폐하께서는 기린이 걷고 뛰는 모습을 보기를 원하셨다. 왕실 인사들은 기린의 움직임을 보고 흥겨워들 했다. 그 모습이 다른 동물과는 영 딴판이었던 것이다. 폐하께서는 30분 가량 학자들에게 질문을 하셨고 생틸레르는 이 질문에 대답을 해드렸다. 폐하께서는 생틸레르의 대답에 크게 만족하시고 그를 치하해 주셨다.

15장 기린 열풍 183

오후 3시에 기린은 수행원들과 함께 안전하게 파리로 돌아왔다. 왕립 식물원으로 돌아오는 길 내내 군중들이 기린의 뒤를 따랐다.

왕 앞에서 한 뜀박질을 제하고도 기린은 오전 6시부터 오후 7시까지 30킬로미터를 걸었으나 마르세유에서부터 시작된 34일간의 여행에 비하면 그리 과한 거리도 아니었다. 당연히 생틸레르는 이 날의 사건에 대해 지사에게 편지를 썼다.

통증을 참으면서 생클루 궁으로 향했지요. 언제 나서야 하고 언제 물러서야 하는지, 또 무엇을 해야 하는지 자문하면서 말이지요. 결국 정면으로 부딪히기로 했습니다. 폐하와 군중을 만족시켜 드리는 일이야말로 바로 제 일이었으니까요. 물론 같이 참석한 동료 학자들도 능히 할 수는 있는 일이었지요. 하지만 폐하께서는 근 한 시간 동안 저에게만 질문을 하셨고, 저는 제가 함께했던 기린이나, 저번에 말씀드린 바와 같이 동물원에 갖가지 동물들을 수용하고 싶다는 계획에 대해 자세히 말씀드리는 것이 정말이지 기뻤습니다. 폐하께서는 제 계획을 어떤 식으로 실행에 옮길 것인지 물어보셨지요. 저는 지사에 대해서도 말씀을 드렸습니다. 마르세유에서 지사께서 보여주신 친절에 대해 가감 없이 모두 아뢰었습니다. 기린은 할 수 있는 모든 재주를 폐하께 펼쳐 보였습니다. …… 폐하께서는 기린을 이끌고 온 수행원들에 대해서도 궁금해하셨습니다. 이미 콘스탄티노플까지 기린을 수행한 경험이 있는 하산과 드로베티 씨의 흑인 노예 아티르가 보여준 노고에 대해 말씀을 드렸지요.

식물원의 기린을 관람하기 위한 입장권

그러자 폐하께서는 내무부 장관에게 명을 내려 하산에게는 2천 프랑, 아티르에게는 1천 프랑을 하사하도록 하셨습니다. 두 사람 모두 만족할 만한 거금이지요. 바르텔레미와 흑인 소년 유세프에게도 7월 12일 왕립 식물원 측에서 성의 표시를 할 예정입니다. 마르세유까지 되돌아가기에 불편이 없을 정도의 금액이 이미 배정되어 있습니다. …… 폐하께 드린 보고서 한 부를 보내 드리겠습니다. 30부를 인쇄해 두었거든요. 화가가 정성을 다해 그린 기린 그림도 보고서에 포함되어 있습니다.

자라파가 여행 중 들르는 곳마다 그랬듯, 파리에서도 대소동이 일어났다. 마르세유에서부터 자라파가 거쳐간 마을들에서는 기린을 기념한답시고 거리며 광장에다 기린 이름을 붙여 넣었다. 심지어 기린이 지나친 적도 없는 선술집이나 여관들도 기린이라는 말이 들어간 상호를 붙였고, 기린에 대해 들어본 일이 있거나 파리 동물원에서 기린을 본 경험이 있는 사람들은 자신의 건물들에 기린이라는 이름을 붙여 넣었다. 이런 일은 비단 자라파가 거쳐간 마을이나 파리에만 국한된 것이 아니었다. 프랑스 전역에 기린 열풍이 몰아쳤다.

왕을 알현한 자라파는 왕립 식물원에서 일반인들에게 공개되었다. 1827년 7월 3주 동안 6만 명의 관람객들이 기린을 보기 위해 몰려들었다. 곧 기린을 주제로 한 노래, 기악곡, 시, 희가극이 등장했고, 기린을 빗대 국왕의 언론 검열을 풍자한 글들도 나왔다. 이렇게 자라파는 최고의 관심사로 부상했다. 하지만 런던에서 이내 죽고만 또 한 마리의 기린과는 달리 언론은 자라파를 조롱거리로 삼지 않았다. 온 파리 사람들이 자라파를 흠모했다.

공원에서 뛰노는 파리의 어린아이들은 지라프 생강빵을 사 먹었고, 아이들의 어머니는 아 라 지라프 스타일로 머리를 치켜올렸다. 그 머리가 얼마나 높았던지 마차를 탈 때면 바닥에 주저앉아야 할 정도였다. 그 해 여름 《여성과 패션》지에서는 "아 라 지라프 목걸이, 핑크빛 하트 장신구가 달린 좁은 리본, 왕립 식물원의 기린 목에 달린 부적 형태의 여성용 금합"이 유행하고 있다고 소개했다.

그 해 패션계에서 가장 유행했던 스타일이 "지라프의 배", "사랑에 빠진 지라프", "망명 중인 지라프" 같은 것들이었다. 남자들

기린은 어느 곳에서나 어느 제품에서나 등장했다

은 지라프 모자를 쓰고 지라프 타이를 착용했다. 당시의 어떤 잡지는 아 라 지라프 넥타이를 매는 법에 대해 그림을 그려 넣으며 자세히 설명하기까지 했다.

어느 곳을 가도, 어디를 보아도 기린의 자취가 있었다. 옷감, 벽지, 도자기, 패물, 비누, 가구, 장신구에 기린의 모습이 새겨졌고, 기린의 점무늬와 긴 목을 도안에 응용했다. 개발된 지 얼마 안 되던 클라비하프는 "피아노 지라프"로 다시 명명되었다. 그 해 겨울 유행했던 독감은 "지라프 독감"이라고 했다. 사람들은 감기 환자를 보고 "그 기린 좀 어떤가" 하고 농담을 하기도 했다.

생틸레르의 동료인 박물학자 보리 드 생 뱅상은 채무 관계로 감

15장 기린 열풍 187

옥에 갇혀 있었는데 "과학을 위해서라도" 기린을 한 번 볼 수 있게끔 특별 조치를 취해 달라고 법원에 청원하기도 했다. 그 청원은 기각되었다. 그런데 그가 갇혀 있던 감옥 옥상에서는 왕립 식물원의 높은 지대를 내려다볼 수 있었으므로 박물관의 한 친구가 망원경을 통해 자라파를 볼 수 있게끔 배려를 해주었다.

하산은 10월 말까지 파리에 머물렀다. 그는 이집트로 돌아가는 길에 마르세유 지사에게 들러 생틸레르의 편지를 전해 주었다.

하산이 우리를 떠났습니다. 왕께서는 그에게 2천 프랑을 하사하셨지요. 우리는 그를 정중히 대해 주었고 그는 그만한 자격이 있는 사람입니다. 그는 신심을 다해 기린과 함께했습니다. 떠나는 지금 그의 몰골은 말이 아닙니다. …… 제가 보기엔 만성적인 우울증에 걸린 것 같습니다. 신께서 그를 굽어살피시리라 믿습니다. 우리는 툴롱까지의 경비조로 226프랑을 주었습니다. 청컨대 지사께서도 이제 영영 떠나는 그를 정중히 대해 주셨으면 합니다.

아티르는 자라파와 함께 파리에 남았다. 둘은 지붕이 둥근 육각형 모양의 2층 짜리 건물 라 로통드의 방사상으로 튀어나온 방 다섯 개 가운데 하나를 차지하고서 함께 기거했다. 외관이 특이한 이 건물은 레지옹 도뇌르 훈장을 본떠 디자인한 것으로 1805년에 완공되었다. 레지옹 도뇌르 훈장은 자라파와 나폴레옹을 연결하는 또 다른 가교인 셈이다. 나폴레옹은 조국에 영광을 안겨준 공훈자에게 수여할 목적으로 자신이 직접 디자인한 레지옹 도뇌르 훈장을 1802년에 제정했는데 이 훈장은 그의 의도대로 프랑스 최고의 권위를 자랑하는 훈장으로 남게 되었다.

생틸레르가 자라파의 다락방에 대해 지사에게 한 말마따나 "자라파의 겨울용 주거지"는 바닥을 모자이크한 마루로 깔았고, 벽은 밀짚 매트로 "우아하게 문양을 만들어" 단열을 했다. 문은 서로 마주보게 두 개를 달아 밖에서도 건물 가운데에서도 들어올 수 있도록 했다. 난방을 위해 난로를 놓았고 필요하다면 다른 동물의 체열을 이용할 수도 있었다. "이 숙녀의 방은 정말 멋집니다. …… 아티르는 사다리 두 개를 이용해 다락에 있는 자신의 침대로 오르내립니다. 아티르가 기린을 방문하려면 다락으로 올라와야 하지요. 그러면 이 둘은 높은 꼭대기 밀폐된 방에서 얼굴을 맞대고 서로 인사를 나눕니다."

아티르는 다시 자라파를 돌볼 수 있게 된 것을 크게 기뻐했다. 그는 자라파를 군중들에게 끌고 가서는 사람들 앞에서 긴 막대에 달린 말빗으로 기린의 털을 빗겨 주었다. 수고스럽긴 해도 자랑스러웠던 이런 매일의 의식은, 내키지 않은 일을 마지못해 하는 경우를 표현하는 말의 한 부분이 되었다. "시키는 대로 하지 않으면 기린의 털을 빗기도록 해주겠다."

아티르와 자라파가 떠난 지 오랜 세월이 흘렀건만 이들은 여전히 이들을 목격했던 사람들의 말과 기억 속에 살아 남았다. 귀스타브 플로베르는 자라파가 프랑스에 도착하던 당시 네 살이었다. 그는 어린 시절 고향 루앙에서 파리를 방문해 왕립 식물원에 있는 자라파를 본 일이 있었다. 이로부터 30년의 세월이 흘러 그는 친

니콜라 위에가 그린 기린과 아티르의 공식 초상화

구 조르주 상드에게 보낸 편지에서 "기린과 함께했던 투르크 사람만큼이나 피곤하다"는 표현을 썼다.

생틸레르는 아티르가 기린의 정부(情婦)라는 소리를 듣는다는 말에 재미있어 했던 것 같다. 그는 지사에게 "그는 진정한 프랑스 사나이가 되었습니다. 운이 좋은 셈이랄까, 그는 얘깃거리가 된 거지요. 베리 공작부인은 저한테서 아티르의 모험담이며 실수담을 비롯해 시시콜콜한 이야기까지 듣고 싶어합니다. 왕실의 누가 이런 얘기를 듣고 나면 이 얘기는 금세 왕실 여성들 전체로 퍼지지요" 하는 소식을 전했다.

또 다른 동물이 그 해 여름 프랑스를 달구었다. 벨기에의 오스텐데 해변으로 고래 한 마리가 밀려온 것이었다. 또 북미로부터 오세이지족 인디언 여섯 명이 파리를 방문하기도 했다. 신문은 이 소식을 다음과 같이 전했다.

체구가 자그마한 그이가 추장임을 뚜렷이 알아볼 수 있었다. 몇몇 전투에서 전과를 올린 그는 적의 머리 가죽 몇 장을 소지하고 있었다. 블랙 스피릿이라고 하는 젊고 용감한 추장은 늘 자신감에 차 있는 듯 보인다. 미주리에서 출발한 이 야만인들이 르아브르에 도착하자 …… 군중들이 몰려들어 밀고 당기고 법석을 떨었다. 기린을 보기 위해 몰려든 파리의 여자들만큼이나 많은 수였다. 거의 벌거벗다시피 한 추장을 비롯한 일행들이 …… 공연을 보러 극장으로 들어갔다. 인디언 전사들의 안색은 그다지 편치 않아 보였고 공연에도 큰 감흥을 느끼지 못하는 듯했다. 다만 인디언 여인네들만이 관심을 갖고 관람을 하는 듯했다. 디자이너들이 이들의 복장을 그려 갔는데 필시 파리에서는 곧 아 라 미주리라는 패션이 유행할 것이다.

파리의 생틸레르는 인디언들의 인기가 자라파의 인기를 위협할 정도였다고 했다. "오세이지족 인디언들의 인기가 하늘 높은 줄 모르고 치솟고 있다. 하지만 이 인기가 오래가지는 않을 것 같다. 너나없이 이 황인종들을 구경하러 몰려들긴 해도 기린의 인기는 여전하다."

오노레 발자크(그는 자신의 소설 《고리오 영감》을 친구인 생틸레르에게 헌정했다)는 기린에 매료되어 《기린의 통역사가 아랍어로 번역한, 왕립 식물원을 방문한 오세이지족 인디언 추장과 기린과의 담화록》이라는 책자를 출간하기도 했다. 그 해 8월 자라파를 보기 위해 4만 명의 사람들이 입장권을 구입했다. 7월과 8월 두 달 동안 파리 전체 인구의 8분의 1에 달하는 10만 명의 사람들이 입장권을 구입한 것이다.

그 해 여름, 걸리와 스미트의 뱀 전시회는 참패를 면치 못했다. 그런 데다가 리옹에서 뱀 한 마리가 죽어 버렸다. 걸리와 스미트는 사업가답게 수완을 발휘해 이 위기를 전화위복의 계기로 삼고자 했다. 이 영국인들은 폐관 날짜를 늦추고 그 이유를 "관객들이 살아 있는 뱀을 통해서는 볼 수 없었던 적나라한 자태를 볼 수 있고, 동물 애호가들이 이 무시무시한 파충류를 자세히 관찰할 수 있도록 하기 위해서"라고 해명했다. 7월 말 걸리와 스미트는 스위스에 입국하려 했으나 "이 전시회가 사행심을 조장하고 대중의 헛된 호기심을 유발시킨다"는 이유로 치안판사에 의해 거부되었다. 치안판사는 또 방울뱀은 "몸집이 작으므로 이 놈이 도망쳤을 경우에는 쉽게 몸을 숨겨 크게 번식할 것이고 그렇게 되면 우리 지역이 온통 방울뱀 천지가 될 것이다"라고 판결의 이유를 밝혔다.

자라파가 파리에 도착하던 주이자 생클루 궁으로 왕을 알현하러 가기 사흘 전인 7월 6일 유럽의 강대국들은 무하마드 알리와 투르크를 응징한다는 조약에 서명했다. 연합 함대가 그리스로 출항하는 동안 드로베티는 무하마드 알리의 특명을 받고 프랑스로 향했다. 투르크의 술탄과 결별하길 원했던 부왕이 그리스에서 철군하는 대신 술탄에 대항해 프랑스와 동맹을 맺고자 한 것이었다.

이런 일의 적임자로 손색이 없어 보였던 드로베티가 7월 말 이집트를 출발했을 때는 파리가 자라파의 열기로 후끈 달아올라 있을 때였다.

그러나 부왕의 외교 정책에는 일관성이 없었다. 부왕은 군사를 철수시킨다는 약속에도 불구하고 8월 아들의 부대가 주둔하고 있던 그리스의 나바리노 항에 군대를 증강시켰다. 9월 초에는 유럽의 최종 중재안을 거부하고 전쟁을 계속했다. 나바리노에서 대령 세브의 보좌를 받고 있던 무하마드 알리의 아들은 군사력 보강과 군수품 보급을 중지하라는 연합군의 요구를 묵살했다. 10월 20일 마침내 막강한 연합군의 함대가 나바리노 항을 공격해 이집트 함대를 격침시켰다. 작전은 오후 2시 30분부터 6시까지 이어졌는데 투르크는 그 이후로 영영 그리스의 지배권을 되찾지 못했다.

그러나 드로베티의 처신은 정말이지 놀랄 만한 것이었다. 그는 왕립 식물원으로 자라파와 아티르를 방문해 군중들의 열기를 목격했고 생틸레르에게 이런 유래 없는 동물원의 성공을 축하해 주었다. 그가 귀환하는 자리에서 생틸레르와 박물관의 동료 학자들은, 그에게 큰 은혜를 입었으며 "더할 나위 없이 강인하고 건강한" 이 기린 덕택에 과학이 한층 더 발전할 수 있는 계기가 되었다고 치사했다.

또 드로베티는 왕실의 호의를 놓치지 않고 자라파가 파리에 도착할 즈음 뜻하지 않게 손에 넣게 된 자신의 두 번째 이집트 컬렉션을 왕에게 판매했다. 샹폴리옹은 루브르 박물관을 대신해 드로베티에게 박물관에서 구입할 물건을 추천해 주십사 부탁했다. 이후로 드로베티는 프랑스 총영사직을 사임할 때까지 3년 동안 이집트 유물을 판매해 15만 프랑이라는 거금을 챙겼다.

그 해 가을 드로베티는 엄청난 돈을 거머쥐고 당당하게 알렉산드리아에 입성했다. 기린을 보내준 데 대한 박물관 측의 치사를 부왕에게 전하는 것도 잊지 않았다. 생틸레르는 드로베티에게 기린에 대해 자신이 작성한 보고서 30부 중 마지막 남은 한 부를 선물했다. 그는 이 보고서를 "이집트의 부왕이 읽을 수는 없을지라도, 이 보고서를 통해 이집트인 중 그 누구라도 우리와 함께 기쁨을 나눌 수 있기를 기대한다"고 소감을 피력했다.

1830년 언론 검열로 인해 샤를 10세가 폐위되었다. 의례 문제로 자라파와 생틸레르가 파리에서 생클루까지 왕복 30킬로미터를 쓸데없이 걷게 만들었던 마담 루와얄도 왕과 왕족을 따라 영국으로 망명을 떠났다.

망명길에 오른 사람들 중에는 프랑스 내에서 발생한 기린의 경비를 지불하지 않겠다고 거절한 외무부 장관 다마스 남작도 있었다. 군장성 출신인 이 귀족은 루이 16세 시절에 국방부 장관을 역임한 경력이 있었다. 영국 망명 시절 그는 6세의 나이로 생클루 궁 밖에서 기린을 맞았던 프랑스 최후의 왕세자 디유돈네의 후견인을 맡았으나 왕세자는 끝내 왕위에 오르지 못했다.

샤를 10세는 시대착오적인 언론 탄압 정책을 폈고 정치적 타협 능력도 부족했지만, 프랑스 신민들은 짧았던 그의 치세를 동경심으로 회고하게 되었다. 혁명의 공포와 나폴레옹 전쟁의 폐허를 딛고서 프랑스는 산전수전 다 겪고 왕에 즉위한 이 미남을 중심으로 잠시나마 태평성대를 누렸다. 계몽주의는 심지어 거리의 부랑자에게까지 그 효력을 발휘했고 사람들은 단지 살아 있다는 그 사실에 매료되었다. 군중들은 더 이상 피를 보기 위해 몰려들지 않았고, 기린이나 기린을 수행한 아랍인 사육사, "미주리에서 온 야만인들"을 보기 위해 몰려들었다.

바로 그 시대는 왕이 옛 방식으로 존중을 받고 신민들은 스스로를 즐길 줄 알았던 그런 시대였다. 나폴레옹의 위대함을 드높이

설파하고 왕정 복고에 환멸을 느꼈던 스탕달조차 아름다운 여인과 함께 기린을 기다리며 센 강에서 뱃놀이를 즐길 수 있었던 그런 시대였다.

스탕달은 1814년 나폴레옹이 몰락하자 절망감에 못 이겨 외국으로 유랑길을 떠났는데, 1821년 나폴레옹이 서거한 후에야 프랑스로 되돌아왔다. 자라파가 프랑스로 왔던 1830년대가 저물어 가면서 왕정이 전복되자 열렬한 보나파르트 추종자이자 대문호인 그는 그 아쉬움을 다음과 같이 표현했다. "어떤 유럽 국가일지라도 샤를 치하에서 프랑스가 누렸던 만큼의 행복을 맛보려면 아마도 수백 년의 세월이 필요할 것이다."

생틸레르는 건강을 회복했고, 1839년 자라파의 동료로 삼을 겸 왕립 식물원으로 또 한 마리의 기린을 데려올 때까지도 이곳에서 연구를 했다.

생틸레르는 1841년 은퇴를 하기 한 해 전에 시력을 잃었다. 그는 박물관을 설립한 동물학자로 47년간을 박물관에서 봉직한 후 더위가 막바지에 올라 기린 수송에 큰 어려움을 느꼈던 바로 그런 날씨의 1844년 7월 어느 날 72세의 나이로 세상을 떠났다. 그의 아들은 오세르에서 아버지와 상봉을 한 지 수십 년이 지나 생틸레르의 장례식을 다음과 같이 묘사했다. "이 장례식은 과학 애호가들에게도 나에게도 커다란 감동을 주었다. 장례식이라기보다는 마치 우리 시대를, 천재성이 사실로 실현되는 위대한 우리 시대를 신성화하는 의식 같았다."

　자라파에 대한 생틸레르의 열정을 그의 가족들이 어느 정도 절실히 느꼈는지는 모르겠지만 아들이 쓴 생틸레르의 전기에는 자라파가 언급되어 있지 않다.

에필로그

   유럽과 아프리카 사이를 철따라 오가는 황새떼들은 예나 지금이나 변함 없이 룩소르 신전 위를 선회한다. 자라파와 그 일행이 룩소르 신전 앞을 항해하던 1826년 봄에는 신전의 문 앞에 오벨리스크가 두 개 서 있었다. 오벨리스크에 새겨진 상형 문자는 "온 땅이 그대의 발 아래 무릎을 꿇었다"는 뜻으로, 이 상형 문자가 람세스 2세의 공적을 기리는 내용이고, 또 끝이 뾰족한 오벨리스크의 위 부분이 태양 광선을 지상으로 되쏜다는 것은 익히 알려진 사실이다. 오벨리스크는 자갈과 모래에 묻혀 가면서도 3천 년 이상이나 묵묵히 자리를 지켜 왔다. 유대인을 이끌고 홍해를 건넜던 모세도 오벨리스크를 목격했을 것이다.

   1831년 11월 1일 오벨리스크를 발굴하기 시작한 지 수주가 지나 프랑스 공학자들은 25분만에 서쪽의 오벨리스크를 눕힐 수 있었다. 공학자들은 무하마드 알리가 프랑스에 보내는 또 하나의 선물인 이 오벨리스크를 프랑스로 싣고 가기 위해 6주에 걸쳐 나일 강변으로 끌고 왔다.

원래 무하마드 알리는 알렉산드리아의 오벨리스크를 프랑스에 주려고 했다('클레오파트라의 바늘'로 알려진 이 오벨리스크는 지금은 뉴욕시의 센트럴 파크에 있다). 그런데 샹폴리옹은 1829년 룩소르 신전의 장대한 오벨리스크를 보고는 드로베티에게 편지를 썼다. "알렉산드리아로부터 오벨리스크를 옮기는 계획에 대해 답신을 주셨는지 모르겠습니다. 아무쪼록 이 편지가 제 시간에 닿아 룩소르 신전의 오벨리스크가 볼품 없는 고대 항구에 방치되어 있는 것보다 파리로 옮겨오는 것이 훨씬 낫다는 제안을 선생님이 해 주셔야 될 텐데요. 이는 우리 조국을 위해서도 장관을 위해서도 그리고 선생님을 위해서도 보람 있는 일이 될 것입니다."

자라파의 경우처럼 이 오벨리스크도 동료와 헤어져 파리를 향해 항해길에 올랐다. 무하마드 알리는 "프랑스나 이집트나 양국의 관계 증진을 위해 한 일이 없다. 이집트가 고대 문명의 유산인 이 오벨리스크를 프랑스에 양도하는 것은 프랑스가 서구에 심었던 새로운 문물과 교환하기 위해서다. 테베의 오벨리스크가 무사히 파리로 옮겨져 양국 사이의 유대를 위한 영원한 버팀목이 되기를 바란다"고 선언했다.

샹폴리옹은 1833년 12월 23일 오벨리스크가 파리에 도착하기 한 해 전에 42세의 젊은 나이로 세상을 떠났다. 오벨리스크는 특별히 제작된 룩소르 호를 타고 나일 강을 따라 항해한 후 대서양을 건너 르아브르에 이르렀고 다시 여기서 센 강을 거슬러 올라가 콩코드 다리 밑의 선착장에 도착했다. 모두 8개월이 소요된 긴 항해였다. 1834년 8월 오벨리스크는 선착장에 하역되었고, 옆구리

콩코드 광장에 세워지는 오벨리스크

가 동여진 채 다시 이곳에서 2년을 머물렀다. 1836년 11월 25일 마침내 이 고대 유물은 혁명기 동안 단두대가 설치되어 있던 콩코드 광장에 세워졌다.

오벨리스크가 서 있던 바닥에서는 거대한 고환이 달린 비비상도 함께 출토되었다. 새벽마다 시끄럽게 떠들어대는 비비를 고대 이집트인들은 문필을 주관한 신 토트가 현신한 것으로 생각했다. 비비상도 오벨리스크와 함께 파리로 수송되었으나 프랑스의 마지막 왕 루이 필리프는 이 비비상이 공공의 기념물로는 적당치 않다고 생각해 이를 부르르 박물관에 위임했다. 대신 파리에 오벨리스크를 세울 때는 "엄청난 군중들"이 지켜보고 있는 가운데 그 바닥에 오벨리스크가 세워진 방법을 알려주는 그림을 금박으로 새긴 조각품을 배치해 이것의 출처와 건립에 관한 전설이 널리 퍼지게끔 했다. 도대체 이런 엄청난 역사(役事)를 고대 이집트인들이 어떻게 해냈는지 추측만 해볼 뿐 그 자세한 과정은 알 길이 없다.

    루이 필리프는 오벨리스크에 대한 보답으로 줄세공으로 장식한 3층 시계탑을 무하마드 알리에게 보냈다. 그러나 카이로에 도착한 이래로 이 시계는 작동을 한 적이 없다. 쓸모는 없었지만 서구 문명의 진수이자 프랑스와 부왕 사이의 우호를 상징하는 기념물임이 분명한 이 시계를 부왕은 자신을 기념해 세운 모스크 옆에 세웠다. 콩코드 광장에 세워진 오벨리스크 주변은 늘 사람들로 만원을 이루고 있다. 한편 터키 광장에 세워진 "허울뿐인 시계"는 야만인들의 옛 왕릉 사이에 우뚝 서 그 위용을 과시하고 있다.

    1830년대에 시리아를 정복한 무하마드 알리는 오스만 제국의 술탄에게 공공연히 대항했다. 세브가 이끄는 군대가 독일 교관들에게서 훈련을 받은 술탄의 군대에 승리를 거둔 1839년에는 부왕의 국제적 지위가 정점에 올랐고, 그는 콘스탄티노플에까지 공격을 감행하려 했다. 그러나 부왕은 유럽과 적대 관계가 되는 것을 원치 않았던 탓에 공격을 망설이고 있었다. 프랑스의 지원을 확약받지 못한 상태에서 영국과 프랑스 사이에 전쟁의 위기가 고조되었다. 1840년 6월 프랑스는 영국과의 전쟁을 피해 이집트에서 군대를 철수시키는 동시에 러시아와 협정을 맺어 부왕에게 공동으로 대항했다. 무하마드 알리는 자라파와 룩소르 신전의 오벨리스

영국 함대가 알렉산드리아 앞바다에서 이집트를 위협하고 있는 가운데 영국 총영사 캠벨 대령이 무하마드 알리에게 투르크에 대항하려는 계획을 포기하라고 설득하고 있다

크를 선물하는 등 수십 년 동안 준비하고도 기대한 프랑스의 지원을 끝내 받지 못한 채 프랑스 군사 고문의 훈련을 받은 군대를 감축하고 시리아로부터 물러나야 했다. 그러나 그 대가로 부왕은 이집트 왕권을 보장받았다.

어린 시절 부모와 의절했던 육군 대령 세브는 부왕의 자식과 같은 존재가 되었다. 그는 이슬람으로 개종한 뒤 이름을 솔리만 파샤라 개명했고, 무하마드 알리의 군사 고문으로 복무하면서 재산도 축적했다. 그는 프랑스로 돌아가지 않았다. 1849년 알렉산드리아에서 그를 만난 적이 있던 플로베르는 그를 두고 "이집트에서 가장 세력 있는 사람이며, 콘스탄티노플에게는 공포의 대상인 인물"이라고 평했다.

무하마드 알리의 최측근이었던 유수프 보고스는 1844년 사망함으로써 40년간의 공직 생활을 마감했다. 카이로에서 거행된 그의 장례식은 조촐하기만 한 것이었다. 그런데 알렉산드리아의 무하마드 알리는 자신의 오랜 벗이 의전식도 없이 영면에 든 데 대해 노발대발했다. 그는 "무식한 얼뜨기들 ……"로 시작되는 편지를 통해 카이로 지사에게 욕을 퍼붓고 위협을 가했다. 그는 지사에게 당장 보고스의 시체를 파내 국가장으로 성대히 의례를 치르고 다시 매장하도록 지시했다.

무하마드 알리는 자라파보다 4년을 더 살고 1849년에 서거했다. 말년에 들어 그는 만성적인 설사병을 앓았는데 이를 치료하기 위해 질산은을 처방받은 결과 치매에 걸렸다고 한다. 하지만 방탕했던 그의 젊은 시절과 8백 명에 달하는 후궁과의 생활을 고려해 보면 그가 매독성 치매에 걸렸다는 것이 더 일리가 있다. 1825년 브와예는 부왕이 종종 후궁과 함께 사나흘씩 행방을 감추곤 했으며, 부왕은 "대주가인 데다가 호색가이지만 말에 어그러짐이 없고 활기에 차 있다"고 보고했다. 부왕이 마지막 10년 동안 계속 건강이 악화되자 주치의였던 A. B. 클로—그 역시 프랑스에서 이집트로 귀화한 인물이었다—는 생활을 절제하도록 줄곧 권유했다.

무하마드 알리는 영국이 합법적으로 침략할 구실이 된다는 이유로 수에즈 운하의 건설을 반대했다(그러나 결국 수에즈 운하는

1882년에 개통되었다). 수에즈 운하가 완공되자 부왕의 후계자들은 이로부터 다소간 이득을 보았으나 심한 낭비로 이집트를 파산시켜 결국 영국의 보호령으로 이집트를 전락시키고 말았다. 이후 간신히 명맥을 유지하던 이집트 왕조는 1953년 파루크 1세의 어린 왕자가 폐위되면서 막을 내렸다.

베르나르디노 드로베티도 치매 끝에 1852년 세상을 떠났다. 유럽에 불어닥친 이집트학 열풍으로 거부가 된 그는 룩소르로부터 온 샹폴리옹의 편지를 받은 직후인 1829년 사임하고 유럽으로 귀환했다. 드로베티는 1836년 자신의 3차 컬렉션을 베를린 이집트 박물관에 3만 프랑을 받고 판매했다. 노년에 들어 건강이 나빠진 그는 겨울은 지중해변의 니스에서 보내고 여름은 토리노에서 보내는 등 우아한 생활을 즐겼다. 그의 말년 생활도 여전히 모순투성이여서 전 유럽이 그를 과학의 대부로 칭송하기도 했지만, 한편으로는 배은망덕한 일족의 가장으로 그를 깎아내리는 은행가도 있었다.

자라파는 파리에서 근 18년을 살았다. 자라파는 루이 필리프가 시민의 추대를 받아 샤를 10세에 이어 왕위에 올랐을 때에도, 오벨리스크가 룩소르 신전에서부터 2년간의 여행을 거쳐 프랑스에 다시 세워졌을 때에도 변함 없이 파리에 있었다. 1836년 오벨리스크가 파리에 완전히 자리를 잡은 지 12일 후 망명 중이던 샤를 10세가 서거했다. 자라파는 1837년 프랑스에 처음 철도가 부설되어 기차가 생제르맹앙레 교외로 첫 운행을 개시했을 때에도 파리에 있었다. 그 해 나폴레옹이 제국군의 영광을 기리기 위해 착공한 개선문이 31년만에 완공되었다. 자라파는 1840년 나폴레옹의 시신이 세인트헬레나로부터 옮겨져 개선문을 통과하는 행진을 마지막으로 앵발리드 기념관에 영면할 때에도 파리에 있었다.

 1828년 식물원으로 코끼리 한 마리가 옮겨져 와 사람들을 끌어들였으나 그리 큰 관심을 유발하지는 못했다. 자라파는 결국 짝을 얻지 못했다. 나일 강을 여행했던 어린 시절을 제외하면 자라파는 우리에 갇혀 지내는 13년 동안 자기 종족을 보지 못했다. 그 뒤 자라파는 마지막 6년을 프랑스에 두 번째로 모습을 선보인 기린과 식물원에서 같이 살 수 있었다. 이 나이 어린 암놈은 새끼 때 포획되어 배로 나일 강을 타고 내려왔다고 한다. 무하마드 알리의 주치의였던 클로 박사가 보내온 이 기린은 1839년 파리에 도착했는데 그 때의 나이가 자라파가 오래 전 동료와 알렉산드리아에서 헤어졌을 때의 나이와 비슷했다.

 자라파는 생틸레르가 세상을 뜬 지 일곱 달 후인 1842년 1월 12일에 세상을 떴다. 자라파는 프랑스인의 말따마나 "귀화한 동물"이었고, 박제로 만들어져 수십 년 동안 식물원 내의 박물관 로비에 전시되었다. 식물원에서 살았던 또 다른 기린 역시 귀화한 동

파리 식물원 안의 라 로통드 앞을 거닐고 있는 기린과 코끼리

물이었다. 이 기린들은 종래에는 공간이 부족하다는 이유로 프랑스의 지방 박물관들에 위탁 전시되었다. 일설에 따르면 자라파는 베르됭 박물관에 보내졌는데 1차 세계 대전 와중에 폭격을 맞아 박물관과 함께 소실되었고, 프랑스 군인들이 잡석 더미에서 자라파의 목과 머리 조각을 캐내 참호에 세워두고선 독일군을 야유하는 데 썼다고 한다.

그러나 이 놈은 자라파가 아니었다.

생틸레르가 자라파의 몸에 칠하도록 한 물감을 분석한 결과 자라파는 프랑스 서안의 로셸 시에 있는 박물관 층계참에 여전히 서 있음이 밝혀진 것이다.

라파이으 박물관은 주옥같은 기이한 소장품들이 전시되어 있는 곳으로 원래는 라파이으 저택의 방 한 칸에서 시작되었으나 나중에는 저택 전체를 차지하게 되었다. 클레망 라파이으는 자신의 소장품들이 손상되는 것을 꺼려 생전에 자신의 저택과 식물원 모형을 로셸 시에 기증했다. 그가 죽은 지 얼마 지나지 않은 1782년 라파이으 박물관이 대중에게 개방되었다. 그 후 이곳은 설립자인 아마추어 학자와 유물 전시관을 기려 라 로셸 자연사 박물관으로 거듭나게 되었다. 이곳을 방문한 사람들은 그 진기한 소장품들에 곤혹스러움과 흥미를 느끼게 된다.

　나폴레옹이 이집트에서 올라타곤 했던 낙타는 자라파와 함께 이곳에 한동안 전시되어 있었지만 후에 엘바 섬에 있는 나폴레옹 기념관으로 옮겨졌다. 그러나 조세핀 왕후가 애완용으로 길렀던 오랑우탄은 박제가 되어 이 박물관의 아래층에 전시되어 있고, 미라가 되어 작게 쪼그라든 대여섯 개의 사람 머리는 이제는 멸종된 3백 년 묵은 도도새의 뼈와 포름알데히드에 담긴 대머리수리 한 마리와 함께 이층에 전시되어 있다.

　자라파 옆의 계단 벽에는 아프리카산 영양과 북미산 사슴을 비롯한 온갖 유제류의 두개골과 머리와 뿔이 먼지를 뒤집어쓴 채 화염처럼 사람을 미혹시키며 진화라는 주제를 생생히 드러내 주고 있다. 이층을 따라 난 난간에는 거대한 하마의 두개골이 자라파를 향해 하품을 하고 있다.

　자라파는 다른 동물의 먹이감도 아니었고 그렇다고 포식자는 더더욱 아니었다. 단지 다른 동물들이 그랬듯 사람에게 마술적인 매력을 가진 동물에 불과했다. 학자들은 녀석에게 홀딱 빠져들었다. 어떤 학자는 자라파를 두고 "어떤 동물도 따라올 수 없는 고

상함을 지녔고, 어린아이조차 마음먹은 대로 이 거대한 동물을 다룰 수 있다"고 칭찬했다.

심지어 "자연이 낳은 기형체"와 다른 종 사이의 "상호 이끌림"에 관한 분야의 창시자이자 권위자였던 생틸레르조차도 기린의 이런 독특함에 곤혹스러워하기는 마찬가지였다. 그는 공식적인 보고서에서 "기린이 목적하는 바는 무엇인가?" 하고 웅변적인 어조로 질문을 던진 바 있다. 이 질문에 대해 권위 있는 학자들도 "사물의 본질이 무엇 때문에 또 어떻게 이런 식으로 결정되었는지 해명하려고 하는 것은 분명 쓸모 없는 짓이다"는 궁색한 결론을 내렸을 뿐이다.

여러분이 로셀로 자라파를 보러 가게 된다면 박물관 아래층을 무심코 지나치지 말아야 할 것이다. 왼쪽으로 난 고풍스런 계단은 아름답기는 해도 이쪽에서는 자라파를 볼 수가 없다. 온갖 나비들과 물고기들과 연체동물이 잔뜩 전시되어 있는 오른쪽 첫째 방을 따라가다 보면 육식동물과 포유류와 영장류를 볼 수 있고 급기야는 화석이 된 선사 시대의 이탈리아 악어를 만나게 된다. 여기서 널찍한 돌계단을 바라보자. 자라파가 여러분을 응시하고 있는 것을 보게 될 것이다.

자라파의 머리를 약간 기울도록 절묘하게 배치해 놓은 까닭에 녀석의 커다란 눈망울이 계단을 오르는 여러분을 뚫어지게 바라보는 듯 느껴질 것이다. 명판에는 "세나르에서 온 기린"이라고만 간단히 자라파를 소개하고 있다. 자라파는 단 위에 서 있는데도 놀랍도록 작고 섬세해 보인다. 박제술이 발달하기 전 조악한 솜씨로 박제로 만들어진 까닭에 자라파는 이제 멀리 여행을 할 수가 없게 되었다. 자라파의 뒤로 높게 난 창은 햇볕으로부터 녀석을 보호하기 위해 널빤지를 대어 놓았다. 대신 머리 위에 매달린 전구가 자라파의 눈에 빛을 주고 흰 벽에 자라파의 그림자를 드리워 준다. 나일 강을 타고 내려왔던 펠러커 선상의 천막 속을 비추었듯 이곳 벽에도 녀석은 실루엣을 드리우고 있는 것이다.

감사의 말

자라파에 관한 기묘한 얘기를 들은 나는 먼저 주느비에브 불리니에 부인을 방문했다. 불리니에 부인은 명함을 주며 자신을 파리 자연사 박물관의 홍보 담당 직원이라고 소개했다. 내가 그녀에게 받은 도움은 말로 표현할 길이 없다.

그녀는 "우리 박물관에서 연구하고 있는 학자만 해도 3백 명은 될 겁니다. 그러나 무엇이든 부탁하시면 도움이 되도록 하겠습니다"는 말을 했다.

나는 그녀를 통해 이집트의 룩소르 신전에 대해 알 수가 있었고, 기린의 눈썹은 타래로 한꺼번에 자라나지 않고 한 올씩 자라난다는 사실도 알 수가 있었다. 어느 궂은 날 그녀는 파리 식물원으로 나를 안내하며 이곳의 나무들이 자라파만큼이나 수령이 오래된 나무라는 사실도 알려주었다.

내 자랑스런 형제 크리스토퍼 디키는 신문기자로 제3세계를 여행한 경험이 있다. 동생은 내가 수단으로 기린 연구를 하기 위해 떠난다면 아마도 스파이로 지목될 것이라며 정색한 표정으로 농담을 했다. 나는 미 국무부로부터 중앙 아프리카로는 여행을 하지 않는 게 좋겠다는 권고를 포함해 여러 가지 경고성 충고를 들었다. 수단은 1956년 영국으로부터 독립한 이래로 늘 전쟁 상태에 있었고, 1983년부터는 이슬람 율법에 지배되고 있었다. 하르툼 주재 어떤 외교관은 반군의 지배 하에 있는 남쪽에는 아직도 노예 제도가 존속해 있으며 인권이 억압받고 있고 국제적인 테러 조직이 이곳의 지원을 받고 있다는 풍문을 전해 주었다. 1996년 말 수단을 방문한 지 몇 달 지나지 않아 전쟁이 북쪽으로 확대되었다. 하르툼 대학은 폐쇄되었고, 1만 5천 명의 학생들은 정부군에 가담하도록 선동을 받았다.

하르툼을 떠나기 전날 크리스토퍼는 구급약을 챙겨 주며 병의 증상과 처방법을 꼼꼼히 일러 주었다. 동생은 "만일 아프게 되면 편히 쉬어야 한다구. 약물 부작용도 주의하고" 하며 건강을 조심할 것을 신신당부 했다.

수단 사람들은 상냥했지만 그 기린을 묻는 내 질문에는 떨떠름한 표정을 지었다. 내가 하는 기린 이야기를 한참 듣고 나서야 뿔뿔이 흩어져 옛 이야기를 기억하고 있을 법한 노인네를 물색하러 나섰다. 나를 기다리게 해놓고 감감 무소식인 경우도 왕왕 있었다. 그러다가 하르툼 대학의 가파르 미르가니 교수를 운 좋게도 만나게 되었다. 나는 그에게 기린의 여정 중 아프리카에서의 행적을 찾을 수 없다고 토로했다. 그는 너털웃음을 지으며 "나도 그 문제 때문에 하마 연구에 골머리를 싸매고 있지요" 하고 대답했다.

나는 그를 통해 수단과 이슬람에 대한 상세한 정보와 하르툼의 기원에 대한 귀중한 정보를 얻게 되었다. 또 그에게서 어린 하마가 1849년 하르툼을 출발해 나일 강을 따라 알렉산드리아에 도착한 후 다시 대서양 여행을 거쳐 1850년 봄 런던에 도착했다는 얘기를 듣게 되었다.

"하르툼에서 항해를 했어요?"

"배 안에는 물을 가득 채운 욕조가 설치되었지요. 어린 하마는 욕조 안에 몸을 담근 채 편안히 여행했을 겁니다."

"그렇다면 이곳부터 누비아까지 나 있는 폭포는 어떻게 건넜답니까? 아스완 상류로는 항해할 수가 없었을 텐데요."

아랍인의 구술을 프랑스어로 옮겨 적은 문서에는 기린이 대상과 함께 사하라 사막을 건넜다고 기록되어 있다. 이 말을 들은 미르가니 교수는 껄껄 웃으며 대답했다. "나일 강이 문제를 해결해 주지요. 그들은 봄까지 기다렸을 겁니다. 그 때면 강의 수위도 높아지고 풍향도 항해하기 꼭 좋도록 불어오죠. 폭포를 만났을 때에는 기린을 배에서 내리게 했을 겁니다. 하마의 경우도 그랬어요. 욕조의 물도 빼 버리지요. 나일 강의 수위는 봄에 높아지기 때문에 배를 바위 위로 끌고 건널 수가 있어요. 기린이 사막을 걸었을 리가 없지요."

룩소르 신전은 마모되어 가고 있는 이 순간에도 5천 년의 이집트 역사를 생생히 증거하고 있다. 레이 존슨과 시카고 의회 소속의 그의 동료들은 이집트학에 대한 해박한 지식으로 내게 큰 도움을 주었다.

레이는 "로제타석이 무엇으로 만들어졌는지 아세요?" 하고 물은 적이 있다.

"현무암 아닌가요?"

"어두운 핑크빛의 화강암으로 만들어졌지요. 대영박물관에 근무하는 친구 몇이 로제타석 귀퉁이를 조금 떼내어 말끔히 씻겨 보았지요."

"그렇다면 어떻게 해서 검은 색으로 변한 거지요?"

"사람의 손길을 탔기 때문이지요. 보존할 요량으로 왁스를 발라논 겁니다. 내년쯤에는 때를 말끔히 벗겨 놓는다더군요."

프랑스 역시 자료의 천국이었다. 자라파의 숨결은 마르세유와 리옹, 파리의 고문서 보관소에서 생생히 살아 있었다. 이곳의 안내원들은 내 연구를 관대하고도 성심 성의껏 도와주었다. 이런 분들 덕분에 마르세유에서 파리까지 여행하던 기린이 프랑스 사람들의 애정을 듬뿍 받게 되었다는 사실을 알 수 있었다. 기린의 흔적을 찾아 고문서 보관소를 전전하던 나는 기린을 따라 나섰던 사람들에 관해서도 알게 되었다.

위에 거론한 분들말고도 조지 깁슨, 마이클 칼리슬, 데이바 소벨 이 세 분이 아니었다면 아마도 이 책은 출간되지 못했을 것이다. 이 분들께 심심한 감사의 말씀을 전하고 싶다.

■ 찾아보기

(ㄱ)

개인 유물 전시관 62, 149
걸리와 스미트 166, 167, 192
검역소 116~119, 122~129, 133
계몽주의 6, 21, 31, 42, 46, 48, 50, 54, 62, 68, 71, 195
계몽주의 과학 146
고르디아누스 1세 112
고아 121
공생 145
괴테, 요한 볼프강 폰 146
국립 자연사 박물관(파리) 17, 39, 127, 130, 133, 139
그리스 독립 전쟁 71, 74
그리스 문명 71
그물무늬 기린 80
기독교 96, 112
《기린의 통역사가 아랍어로 번역한, 왕립 식물원을 방문한 오세이지족 인디언 추장과 기린과의 담화록》(발자크) 192
기형학 147

(ㄴ)

나바리노 항 193, 194
나세르 호 26, 59
나일 강 23~30, 59, 83~91
나일 강의 폭포 26~29, 54, 87, 88, 91
나폴레옹 기념관(엘바 섬) 208
나폴레옹 전쟁 51, 132, 195
나폴레옹의 독서 습관 42
나폴레옹의 실권 61
나폴레옹의 이집트 원정 6, 17, 21, 30, 44, 60, 64, 66, 72, 97, 143
난민촌 152
내무부 장관 123, 129, 134, 136, 162, 164, 169, 182, 185
네이, 미셸 52
넬슨, 호레이쇼 36
노예 무역 7, 15, 21, 29, 46, 54, 56, 85
노예 시장 27, 56
노예 제도 폐지 86
누비아 26, 28, 43, 46, 49, 52,

84, 88
누비아인 28, 93
누비아족 28, 29
누에르족 29

(ㄷ)
다마스 남작 115, 195
다미에타 전투 35
다윈, 찰스 146
대영박물관 121, 145
데농, 도미니크 비방 32, 36, 43, 66
동골라 28
동물 학살 111
동방 종군 용사회 32, 42, 72
뒤러, 알브레히트 121
드로베티 컬렉션 65, 194, 205
드로베티, 베르나르디노 15~17, 21, 48~51, 57, 60~69, 73, 76, 77, 83~85, 87, 89, 99~101, 119, 136, 193, 194, 205
디유돈네 195
디키, 제임스 11
딩카족 29

(ㄹ)
라레, 폴 드 120
라마르크, 장 밥티스트 피에르 앙트완 드 모네 146
라파이으 208
라파이으 박물관 208

람세스 2세 29, 67, 199
랑베즈 158
러시아 왕립 자연사 협회 65
러시아 황제 74
레셉스, 테오도르 드 53
레셉스, 페르디낭 드 53
레인 풀, 스탠리 35
레지옹 도뇌르 훈장 12, 51, 188
레크미레 93
로마 제국 96, 106, 112
로셸 자연사 박물관 208
로스차일드 기린 80
로제타석 44, 65, 66, 67, 68, 144, 145
론 강 134, 136, 158~162
론 계곡의 제왕 159
루브르 박물관 68, 194
루이 9세 35
루이 15세 173
루이 16세 31, 39, 75, 141, 171, 173, 195
루이 18세 67, 68, 172
루이 필리프 201, 202, 205
룩소르 93, 205
룩소르 신전 30, 93, 199, 200, 203, 206
르아브르 134, 136, 191, 200
리옹 18, 21, 115, 149, 151~169, 176, 179, 192

(ㅁ)

마나라, 스테파노 99, 101, 118
마르세유 학술원 125, 129
마리 앙투아네트 171
마무디야 운하 95, 97
마사이 기린 80
마하족 26
맘루크 33~36, 43, 45, 57, 98, 113
메디나 46, 52
메디치, 로렌초 데 113
메시나 105, 106, 108~110
메카 27, 41, 46, 52
몰타 섬 33, 102
몽골 33
몽주, 가스파르 143
몽테리마르 160
몽펠리에 148, 149
무덤(분묘) 도굴 16, 49, 57, 61
무슬림 26, 27, 29, 33, 39, 41, 45, 48, 53, 75, 97, 98, 133
무하마드 알리 6, 7, 14, 15, 20, 21, 29, 30, 37, 39, 41, 45, 46~54, 56, 57, 60, 61, 62, 71~74, 76, 84, 85, 97, 109, 165, 193, 199, 200, 202~204
므누, 압달라 143, 144
미라 16, 39, 42, 57, 62, 64, 65
밀매업자 51

(ㅂ)

바그다드 33
바스티유 75
발랑스 160~162
발자크, 오노레 드 192
백나일 강 23, 25, 26, 49, 87
베르나르댕, 생 피에르 141
베르사유 궁전의 동물원 17, 140, 141, 145
베르톨레, 클로드 루이 143
베를린 이집트 박물관 205
베리 공작부인 182, 191
벨롱, 피에르 113, 114
보건소 116, 119, 124
보고스, 유수프 54, 204
부르봉, 마리 테레즈 샬로트 드(마담 루와얄) 171~175, 182, 195
뷔퐁, 조르주 루이 르클레르 140
브레스트 31, 32, 33
브와예, 피에르 프랑수아 자비에르 72, 73, 100, 101, 144, 204
〈비단뱀이여 안녕〉(디키) 11
비바르스 34
빅토리아 호 23
빌뇌브 바르주몽 백작 118, 119, 139, 147, 153
빌뇌브 생 조르주 178

(ㅅ)

사르데냐 67, 99, 148
사보이아 왕 174

사키야족 27
사하라 사막 27, 29, 59, 88, 213
살즈 87, 125, 129~134
삼바트 교 23, 25
상드, 조르주 191
상형 문자 44, 57, 60, 65, 68, 78, 145, 199
생 랑베르 162, 164
생 뱅상, 보리 드 187
생클루 궁 181, 182, 184, 193, 195
생틸레르, 에티엔느 조프루아 17, 18, 37, 43, 85, 87, 113, 118, 119, 139~152, 153, 155~160, 162, 163, 164, 166, 168, 169, 175~179, 181~184, 191, 192, 194~197, 207, 209
샤를 10세 14, 15, 57, 68, 74, 75, 116, 172, 173, 195, 206
샤토브리앙, 프랑수아 르네 63
살롱 163, 164, 169, 176
샹폴리옹, 장 프랑수아 44, 57, 65~69, 145, 194, 200, 205
서커스 막시무스 111
세나르 16, 19, 20, 25, 27, 50, 77, 79, 80, 83, 86~90, 151, 210
세브, 옥타브 조셉 앙틀렘 51~53, 63, 72, 193, 202, 203
센디 27, 56
셸리, 퍼시 비쉬 67

손 강 162~164, 167, 169, 176
솔트, 헨리 68, 99
쇼케, 바르텔레미 151, 153, 157, 177, 182, 185
수단 26, 28, 29, 46, 49, 52, 53, 56, 59, 71, 77, 84, 88
수단공화국 28
수단인 27, 28, 86
수아킨 항 56
수에즈 운하 53, 60, 205
스탕달(마리 앙리 벨) 178, 196
스핑크스 30, 57
시리아 37, 46, 93, 202
시에나 113
십자군 35, 53, 74
십자군 전쟁 113, 178

(ㅇ)
아덴 46
아부심벨 29, 30
아부키르 만 36
아비뇽 156, 158, 160, 162
아스완 26, 53, 87, 88, 91
아스완 하이 댐 59
아스유트 88
아작시오 32
아테네 95, 165, 178
아티르(수단인 하인) 17, 18, 19, 85, 86, 89, 100~102, 108, 120, 122, 124, 128, 129, 132, 151, 152, 153, 157, 161, 177, 182,

찾아보기 219

184, 185, 188
안토니우스, 마르쿠스 96
알렉산드로스 대왕 95
알렉산드리아 16, 17, 20, 30, 33,
　　36, 38, 45, 50, 60, 61, 63, 69,
　　73, 76, 77, 85, 86, 88~91,
　　95~99, 101, 102, 105, 106,
　　109, 113, 118, 136, 145, 194,
　　200, 204, 206
암흑 시대 112
야생양 148, 150, 151, 160, 179
야파 37
에메랄드 광산 49
에베드, 유세프(아랍 소년) 151,
　　152, 167, 182, 185
에스파냐 32, 33, 116, 134
에트나 화산 105, 108
에티오피아 16, 23, 25, 50, 77, 92
엑상프로방스 153, 155, 156, 158
엘라가발루스 황제 112
《여성과 패션》 186
영국과 투르크 연합군 39, 41
영국의 보호령 205
영양 76, 100, 102, 109, 122, 124,
　　127, 131, 132, 135, 150, 151,
　　206
《영웅전》(플루타르코스) 144
오랑주 158, 160
오벨리스크 93, 199, 200~202,
　　203, 206
오세르 177, 196

오세이지족 인디언 191, 192
오스만 제국 14, 15, 35, 45, 46,
　　71, 84, 202
오스트리아 31, 51, 60, 171, 172
〈오지만디아스〉 67
옥타비아누스 96
왕가의 의례 172
왕립 동물원(파리) 75, 76, 118,
　　124, 130
왕립 식물원 139, 181~186, 188,
　　189, 192, 194, 186
왕정 복고 51, 75, 196
용불용설 146
워털루 전투 48, 51
이 두에 프라텔리 호 99~101,
　　105, 107, 118, 122
이슬람 21, 33, 37, 41, 46, 54,
　　144, 203
이슬람 제국 33
이집트 유물 57, 60, 194
이집트 지식인 37
이집트 학사원 37
이집트의 근대화 15, 21, 41, 46,
　　48
《이집트지》 42, 43, 143
이집트학 21, 30, 57, 60, 68, 205
이프 섬 116, 120
이프 성 120~122
《인간의 권리》 41
인쇄기 41

(ㅈ)

젖소 17, 89, 100, 102, 122, 123, 124, 127, 128, 132, 137, 150, 151, 153, 154, 157, 162
제노바 32, 121
조세핀 황후 65, 208
조지 4세 102
중동 27, 32, 34, 37, 76, 110
지중해 16, 17, 20, 27, 29, 32, 42, 46, 75, 76, 89, 95, 96, 99, 105, 134
진화론 146

(ㅊ)

청나일 강 16, 19, 20, 21, 23, 25, 26, 49, 50, 77, 83, 87, 89
치비타베키아 32
7차 십자군 전쟁 34, 64

(ㅋ)

카롤린(나폴리의 왕녀) 65
카르나크 신전 30
카시우스, 디온 111
카이로 16, 20, 27, 33, 35~38, 41, 44, 45, 49, 52, 56, 77, 84, 86, 87~89, 91, 95, 97, 114, 122, 127, 202, 204
카이사르, 율리우스 96, 110, 112, 176
카이사리온 96
카이요, 프레데릭 19, 48~51, 63,

칼리굴라 황제 112
코란 41, 103
코르푸 33
코뿔소 121, 141
콘스탄티노플 35, 39, 45, 65, 71, 84, 95, 102, 106, 178, 184, 202, 204
콜로세움 111
콩코드 광장 201, 202
쿠아이트 베이 113
퀴비에, 조르주 레오폴 크레티엥 146, 178, 182
클레베, 장 밥티스트 38, 39, 121, 122, 143
클레오파트라 96, 110
클레오파트라의 바늘(오벨리스크) 200
클로, A. B., 204, 206

(ㅌ)

타나 호 23
타타위, 리파트 109, 116, 117, 122, 133, 142
테베 93, 200
토리노 16, 60, 65, 67, 205
토트 201
통북투 27, 88
투티 섬 23, 25, 49
툴롱 32, 149, 188

찾아보기 221

(ㅍ)

파루크 1세 20, 205
파리 동물원 17, 75
페인, 토머스 41
펠러커선 29, 56, 80, 83, 90~92, 95
폴라스트롱, 루이즈 드 174
폴리토 136, 138
퐁텐블로 궁전 163, 169, 175, 178
푸리에, 조셉 37, 66, 145
프랑수아 1세 120, 121
프랑스 공화국 31, 72
프랑스 학사원 42
프랑스 혁명 12, 17, 75, 132, 139, 173
프톨레마이오스 왕조 95, 96
플로베르, 귀스타브 56, 92, 189, 204
플루타르코스 144
플리니우스 110
피라미드 전투 35, 36
피렌체 113, 130
피로스 왕 111
필사 41
필사본 96

(ㅎ)

하르툼 16, 19, 20, 23, 25, 26, 29, 77, 80, 83~87, 89, 91, 109, 162
하산(아랍인 마부) 17, 18, 83, 84, 85, 89, 100, 101, 108, 120, 122, 124, 128, 129, 132, 151, 152, 153, 157, 161, 177, 182, 184, 185, 188
하트셉수트 93
학술단 17, 42, 49, 66, 142~145
합스부르크 60, 172
허친슨, J. H., 144, 145
홍해 27, 42, 49, 52, 56, 199

■ 그림 및 사진 출처

면지와 106~107, 154쪽 지도 : © 1998 Jeffrey L. Ward. 14쪽 : Joan Emerson, The Blue Nile, 1962, Alan Moorehead, Harper and Row. 34, 38, 61, 64, 66쪽 : Bibliothèque nationale de France, Paris. 40쪽 : Michael V. Carlisle의 승낙을 받은 그림. 43쪽 : 1803년에 출간된 Vivant Denon의 저서 *Travels in Upper and Lower Egypt*에 실린 그림. 52쪽 : Wilbour Library of Egyptology의 Brooklyn Museum of Art 컬렉션 중 Edouard Gouin의 저서 *L'Egypte au XIXeme Siecle*에 실린 그림. 55쪽 : 1887년에 출간된 G. Ebers의 저서 *Egypt, Descriptive, Historical and Picturesque*에 실린 그림. 74, 173, 174쪽 : Editions Pygmalion/Gerard Watelet에서 1990년에 출간된 *Georges Bordonove의 Charles X*에 실린 그림. 90쪽 : 1994년에 이탈리아 피렌체에 있는 Casa Editrice Bonechi에서 출간된 *David Roberts : A Journey in Egypt*에 실린 David Roberts의 그림. 92쪽 : 1996년에 American University in Cairo Press에서 출간된 Patrick F. Houlihan의 저서 *The Animal World of the Pharaohs*에 실린 사진. 103, 183, 187쪽 : 1984년에 Musee de L'ile-de-France에서 펴낸 *une girafe pour le roi*에 실린 그림. 120쪽 : 1956년에 출간된 Paul Laget의 저서 *Le Chateau d'If*에 실린 사진. 140, 185, 207쪽 : © Bibliothèque centrale M.N.H.N., Paris. 190쪽 : Nicholas Huet가 Sunny von Bulöw Collection의 그림을 다시 그린 것. © The Pierpont Morgan Library, New York. 201쪽 : Francois Dubois의 그림. 203쪽 : R. G. Searight의 컬렉션 중 David Roberts의 그림을 Louis Haghe가 석판 인쇄한 것.